国际金融中心
发展报告

2023

《国际金融中心发展报告》编写组

中国金融出版社

责任编辑：黄海清　童祎薇
责任校对：孙　蕊
责任印制：丁淮宾

图书在版编目（CIP）数据

国际金融中心发展报告. 2023/《国际金融中心发展报告》编写组编. —北京：中国金融出版社，2024.1

ISBN 978-7-5220-2284-0

Ⅰ.①国…　Ⅱ.①国…　Ⅲ.①国际金融中心—研究报告—上海—2023　Ⅳ.①F832.751

中国国家版本馆CIP数据核字（2023）第256801号

国际金融中心发展报告. 2023

GUOJI JINRONG ZHONGXIN FAZHAN BAOGAO. 2023

出版
发行　**中国金融出版社**

社址　北京市丰台区益泽路2号
市场开发部　　（010）66024766，63805472，63439533（传真）
网 上 书 店　www.cfph.cn
　　　　　　（010）66024766，63372837（传真）
读者服务部　　（010）66070833，62568380
邮编　100071
经销　新华书店
印刷　河北松源印刷有限公司
尺寸　210毫米×285毫米
印张　9
字数　183千
版次　2024年1月第1版
印次　2024年1月第1次印刷
定价　126.00元
ISBN 978-7-5220-2284-0
如出现印装错误本社负责调换　联系电话（010）63263947

编写委员会
COMMITTEE

主　任：孙　辉　中国人民银行上海总部党委委员、副主任

副主任：李　峰　上海交通大学上海高级金融学院副院长、教授

　　　　刘　琦　国家金融监督管理总局上海监管局副局长

　　　　贺　玲　中国证监会上海监管局党委委员、纪委书记

　　　　陶昌盛　上海市地方金融监督管理局副局长

（成员和执笔按姓名拼音字母排序）

成　员：蔡向辉　中国金融期货交易所党委委员、副总经理

　　　　陈　雷　中国银联执行副总裁

　　　　陈小五　中国人民银行上海总部金融消费权益保护部副主任

　　　　陈　勇　中国人民银行上海总部金融服务一部主任

　　　　崔　嵬　中国外汇交易中心副总裁

　　　　董国群　上海证券交易所副总经理

　　　　葛　庆　中国人民银行上海总部外汇管理部副主任

　　　　孔　燕　上海票据交易所副总裁

　　　　李　辉　上海期货交易所党委委员、副总经理

　　　　吕进中　中国人民银行上海总部调查统计研究部主任

　　　　荣艺华　中国人民银行上海总部金融市场管理部副主任

　　　　施瑚娅　中国人民银行上海总部跨境人民币业务部主任

　　　　王长元　中国人民银行上海总部调查统计研究部副主任

　　　　王维强　银行间市场清算所股份有限公司党委委员、副总经理

　　　　王振营　上海黄金交易所总裁

　　　　吴　弘　华东政法大学经济法学院教授

　　　　许再越　跨境银行间支付清算有限责任公司总裁

1

编撰单位：中国人民银行上海总部　上海交通大学上海高级金融学院

统　稿：赵　莹　肖立伟　吴　婷

执　笔：柴　非　柴天仪　常鑫鑫　付　迟　郭宇航　何　瑾
　　　　何毛毛　胡　薇　黄　宇　贾德铮　蒋一乐　李冀申
　　　　李旷然　李智康　刘　婷　马　克　屈琳珊　上官建成
　　　　唐　烈　唐　盈　唐元蕙　陶佳敏　佟　珺　王风华
　　　　王靖喆　吴　婷　吴　韵　谢国晨　叶亚飞　张光源
　　　　张建鹏　张丽媛　张一愫

内容摘要

EXECUTIVE SUMMARY

2022 年，全球经济复苏缓慢，GDP 增长率为 3.5%。在金融部门动荡、通货膨胀高位运行、俄乌冲突的持续影响下，未来经济前景再次充满不确定性。国际货币基金组织预测，2023 年全球经济增速将进一步下滑至 3.0%。从全球金融格局来看，2022 年，全球股票市值同比下降 20.46%；主要经济体国内信贷增长情况受本国经济增速的影响有所分化；跨境权益与负债保持稳定；国际债券资产余额总量持续增长。从主要货币汇率走势来看，伴随美联储进入紧缩周期，主要发达经济体和发展中经济体的汇率对美元均出现一定程度的贬值。全球通胀于 2022 年第四季度到达顶峰。美元、欧元仍是全球最主要的储备货币。

面对国内外复杂经济环境和疫情冲击等超预期因素的挑战，上海金融业统筹疫情防控和发展，金融市场和金融基础设施平稳运行。2022 年全年实现金融业增加值 8 626 亿元，在沪主要金融要素市场合计成交 2 933 万亿元，金融市场直接融资额达 17.4 万亿元。

金融改革开放深入推进。临港新片区开展跨境贸易投资高水平开放外汇管理改革试点落地。再保险"国际板"建设规划方案发布。第 11 批自贸试验区金融创新案例发布。《银行间债券市场与交易所债券市场互联互通业务暂行办法》发布，境内债券市场互联互通机制建设取得进展。金融业务产品创新加快。中证 1000 股指期货和期权、中证 500ETF 期权、上证 50 股指期权、保障性租赁住房 REITs 项目等一批重要金融产品和业务推出。

金融与科技加速融合。科创投融资体系建设加快推进，出台《上海市、南京市、杭州市、合肥市、嘉兴市建设科创金融改革试验区总体方案》和《中国（上海）自由贸易试验区临港新片区科技保险创新引领区工作方案》。科创板功能不断提升，持续完善资本市场基础制度，首批科创板做市商正式开展科创板股票做市交易业务。截至 2022 年末，科创板已上市企业 501 家，累计首发募集资金 7 600 亿元，总市值 5.8 万亿元。金融数字化转型深入推进，资本市场金融科技创新试点首批项目正式推出，数字人民币创新特色应用场景更加丰富。

国际金融人才高地和金融营商环境高地建设有序推进。《上海金融创新奖评审和组织实施办法》印发。深化"放管服"改革，落实"一网通办""一网统管"要求。在工信部发布的中小微企业发展环境评估中，上海市连续两年融资环境排名全国第一。

根据上海交通大学上海高级金融学院智库的《上海国际金融中心建设评估报告》，上海国际金融中心建设取得令人满意的成绩，但从金融服务体系的层次和效率，以及国际化程度来看，上海与纽约、伦敦等金融中心还有一定差距。金融市场层次方面，一级市场和场外衍生品市场规模有待进一步扩大；金融市场效率方面，直接融资比例需要进一步提高；金融市场国际化程度存在较大提升空间。金融机构发展不均衡，银行整体水平较高，无论是规模还是功能均较为领先，其他机构发展略有不足。

展望未来，上海应构建更加开放、高效、稳健的金融市场体系、产品体系、机构体系和基础设施体系，形成更具国际竞争力和包容性的金融营商环境，更好服务和引领经济社会高质量发展，成为全球经济金融治理的重要主导者，迈入世界领先国际金融城市行列。

关键数据表

Summary Tables

表 1　国际金融中心排名

全球金融中心指数（GFCI）排名					
金融中心	33 期	32 期	31 期	30 期	29 期
上海	7	6	4	6	3
纽约	1	1	1	1	1
伦敦	2	2	2	2	2
东京	21	16	9	9	7
新加坡	3	3	6	4	5
新华国际金融中心发展指数 [①]					
金融中心	2022 年	2021 年	2020 年	2018 年	2017 年
上海	3	3	3	5	5
纽约	1	1	1	2	1
伦敦	2	2	2	1	2
东京	5	6	6	3	4
新加坡	6	5	5	6	6

表 2　上海、纽约、伦敦三大金融中心金融市场指标对比

指标	上海	纽约	伦敦
市场规模（国家层面数据）			
股票市值（万亿美元）	11.4	40.3	3.1
债券存量规模（十亿美元）	21 660.0	52 153.3	5 267.1
商品期货交易量（百万张）	4 131.45	891.14	563.66
股指期货交易量（百万张）	74.80	1 670.33	27.43
外汇市场日均交易额（十亿美元）	153	1 912	3 755
场外利率衍生品日均交易量（十亿美元）	13	1 689	2 626
PE/VC 总资产（万亿元人民币）	14.01	85.53	2.10
市场功能（国家层面数据）			
股票市值 /GDP（%）	63.1	158.3	101.0
债券市场存量 /GDP（%）	119.7	204.0	156.1
资产支持证券存量 /GDP（%）	3.5	59.1	8.2
市场国际化程度（国家层面数据）			
国际直接投资资产 /GDP（%）	15.53	36.43	86.87
国际直接投资负债 /GDP（%）	19.43	48.16	103.35
国际证券投资资产 /GDP（%）	5.74	55.27	121.59
国际证券投资负债 /GDP（%）	9.90	97.26	132.10

① 由于数据原因，2019 年新华国际金融中心发展指数暂停更新。

表 3　上海、纽约、伦敦三大金融中心金融机构指标对比

指标	上海	纽约	伦敦
机构规模			
银行总资产（万亿元）	23.4	25.2	28.6
证券公司营业收入（万亿元）	0.14	1.42	—
保费收入（万亿元）	0.21	0.85	0.47
机构功能与效率			
银行不良贷款率 (%)	0.79	0.95	0.97
银行人均利润（万元／人）	116.9	269.9	95.3
证券公司人均利润（万元／人）	54.4	93.6	—
保险深度（%）	4.6	11.6	10.5
机构国际化程度			
外资银行资产占比	<10%	69%	>50%

表 4　上海国际金融中心建设现状与"十四五"规划指标对比

指标类别	指标	2025 年目标	2022 年实际
金融市场规模	金融市场交易总额	2 800 万亿元左右	2 933 万亿元
直接融资功能	上海金融市场直接融资规模	26 万亿元左右	17.4 万亿元
金融开放程度	境外投资者在上海债券市场持有债券余额比重	5% 左右	2.4%
	熊猫债累计发行规模	7 000 亿元左右	5 802.4 亿元 [①]

---

① 熊猫债发行仅考虑银行间市场和上交所发行量。

目 录
CONTENTS

第一章
全球经济金融格局

2022 年，全球经济复苏缓慢，GDP 增长率为 3.5%。在金融部门动荡、通货膨胀高位运行、俄乌冲突的持续影响下，未来经济前景再次充满不确定性。国际货币基金组织（International Monetary Fund，IMF）7 月的《世界经济展望》报告预测，2023 年全球经济增速将进一步下滑至 3.0%。其中发达经济体的增速放缓更为明显，从 2022 年的 2.7% 下降至 2023 年的 1.5%。央行政策利率的上升继续对经济活动产生压力，全球总体通胀率预计从 2022 年的 8.7% 降至 2023 年的 6.8%，并继续降至 2024 年的 5.2%，但核心通胀率的下降速度较为缓慢。

从全球金融格局来看，2022 年，全球股票市值同比下降 20.46%；主要经济体国内信贷增长情况受本国经济增速的影响有所分化；跨境权益与负债保持稳定；国际债券资产余额总量持续增长。从主要货币汇率走势来看，伴随美联储进入紧缩周期，主要发达经济体和发展中经济体的汇率对美元出现一定程度的贬值。全球通胀于 2022 年第四季度到达顶峰，除日本和中国外，美国、英国、印度、俄罗斯、南非和巴西的通货膨胀率均超过 5%。美元、欧元仍是全球最主要的储备货币。

一、全球经济增长格局

（一）2022 年经济增长情况和宏观政策简要回顾

1. 经济增长

根据 IMF 的预测，2022 年全球经济复苏放缓，GDP 增长率为 3.5%，低于 2021 年的 6.1%。主要经济体经济表现各不相同（见表 1-1）。第一，新兴市场和发展中经济体的经济增长率达到 4.0%，超过发达经济体的 2.7%。第二，受俄乌冲突的影响，俄罗斯增长率仅为 -2.1%，为近年来最低水平。第三，印度经济高速增长，增长率达 7.2%，成为世界经济的突出亮点。

表 1-1　全球及主要经济体经济增长率

单位：%

经济体	IMF 预测				世界银行预测		联合国预测	
	2021 年	2022 年	2023 年	2024 年	2023 年	2024 年	2023 年	2024 年
全球	6.1	3.5	3.0	3.0	2.1	2.4	2.3	2.5
发达经济体	5.2	2.7	1.5	1.4	0.7	1.2	1.0	1.2
新兴市场和发展中经济体	6.8	4.0	4.0	4.1	4.0	3.9	4.1	4.2
美国	5.7	2.1	1.8	1.0	1.1	0.8	1.1	1.0
欧元区	5.4	3.5	0.9	1.5	0.4	1.3	0.9	1.5
日本	1.7	1.0	1.4	1.0	0.8	0.7	1.2	1.0
英国	7.4	4.1	0.4	1.0	—	—	-0.1	1.1

续表

经济体	IMF 预测				世界银行预测		联合国预测	
	2021 年	2022 年	2023 年	2024 年	2023 年	2024 年	2023 年	2024 年
中国	8.1	3.0	5.2	4.5	5.6	4.6	5.3	4.5
印度	8.7	7.2	6.1	6.3	6.3	6.4	5.8	6.7
俄罗斯	4.7	−2.1	1.5	1.3	−0.2	1.2	−0.6	1.4
巴西	4.6	2.9	2.1	1.2	1.2	1.4	1.0	2.1
南非	4.9	1.9	0.3	1.7	0.3	1.5	1.0	2.2

数据来源：IMF，*The World Economic Outlook*，July 2023；World Bank，*The Global Economic Prospects*，2023；United Nations，*The World Economic Situation and Prospects*，mid-2023。

总体看来，2022 年全球经济具有以下特征[①]。一是复苏坎坷，全球经济再次陷入不确定。2022 年第三季度，包括美国、欧元区、主要新兴市场和发展中经济体在内的多数经济体的实际 GDP 超预期增长。增长动力主要源自劳动力市场的恢复，强劲的私人消费和投资，以及超预期的财政支持。此外，供应链瓶颈的缓解以及运输成本的下降减轻输入型通胀压力，并使之前受限制的行业（如汽车业）得以复苏。然而，2022 年第四季度，这种反弹在多数经济体中逐渐消退。虽然美国的经济活动依然强劲，失业率接近历史低点，但部分高频活动指标，如企业和消费者信心、采购经理调查和流动性指标，普遍放缓。此外，高利率对金融体系造成压力，引发市场对金融稳定性的担忧。

二是全球负债率仍处高位。过去三年，受新冠疫情和经济波动的影响，大多数经济体的私人和公共债务已达到数十年的高点。虽然在经济反弹和通胀上升的背景下，2022 年全球债务情况略有缓和，但是负债率依旧维持在高位。货币政策收紧（尤其是主要发达经济体）导致借贷成本急剧上升，进而引发对部分经济体债务可持续性的担忧。新兴市场和发展中经济体的主权利差发生显著变化，平均值和分布均在 2022 年夏季有所上升。如果全球金融环境进一步收紧，不排除主权利差未来数月继续上升。高债务风险经济体的比例依旧维持在历史高位，在缺乏政策行动的情况下，多数经济体将受到不利财政冲击的影响。

三是俄乌冲突带来的欧洲能源危机逐渐缓解。2022 年 2 月俄乌冲突爆发，冲突和相关的经济制裁使欧洲的贸易条件大幅恶化，但欧洲经济在 2022 年的表现比预期更具韧性。针对家庭和企业的大规模财政支持（在欧盟这些措施的净预算成本约为 GDP 的 1.3%）帮助家庭和企业度过能源危机。能源价格的急剧上涨带来天然气流向的重新调整，通过非俄罗斯管道运输流向欧洲的天然气和液化天然气数量显著增加。同时，欧洲适逢暖冬，加之各行业采取天然气替代策略，使天然气价格在 2022 年年中达到峰值后呈现下降趋势。以上因素共同抑制了欧洲能源危机的负面影响，使欧洲 2022 年的整体消费和投资好于预期。

四是货币政策开始发挥作用，通胀压力有所缓和。全球总体通胀在 2022 年第四季度

[①] IMF，*The World Economic Outlook*，Jan 2023；IMF，*The World Economic Outlook*，April 2023；IMF，*The World Economic Outlook*，July 2023。

达到峰值后开始下降，美国、欧元区和拉丁美洲的燃料和能源价格的下跌对总体通胀的缓和起到积极作用。但在大多数经济体中，核心通胀尚未达到峰值，并且远高于疫情前水平。在消费需求保持强劲的情况下，核心通胀在早期成本冲击和劳动力市场紧张（2022年底美国和欧元区的职位空缺与失业人数之比达到了几十年来的最高水平）的影响下持续高企。主要国家央行普遍坚持紧缩的货币政策立场，明确表示利率维持在高位的时间会比预期更长。

2. 政策回顾 ①

2022年，全球主要经济体的宏观政策主要围绕以下几个方面展开。

一是确保通胀下降。大多数经济体的首要任务仍然是推动通胀下降至目标水平。提高实际政策利率可以避免通胀预期脱锚的风险。清晰的央行沟通和对数据变化的适当反应有助于保持通胀预期稳定，并减轻工资和物价压力。稳步推进的财政紧缩有助于降低需求并减轻货币政策在去通胀方面的负担。对于产出仍低于潜在水平且通胀受控的国家，维持一定的货币和财政宽松是适当的。

二是维护金融稳定。宏观审慎工具有助于解决金融部门的脆弱性问题。在过去几年里经历房价大幅上涨的经济体，需对住房市场进行监测并进行压力测试。在中国，中央政府积极采取行动化解房地产风险，包括出台措施推进"保交楼、稳民生"工作，并对陷入困境的开发商进行重组。全球范围内，2008年国际金融危机后引入的金融部门监管措施已为新冠疫情期间银行业的韧性作出贡献。然而银行监管仍有改进空间，包括完善利率风险敞口的审慎监管框架，保持审慎要求与巴塞尔资本和流动性监管框架相一致，以及确保监管强度与银行系统重要性相适应。

三是恢复债务的可持续性。低增长和高借贷成本导致全球公共债务比率上升。在债务不可持续的情况下，多个经济体采取一揽子改革措施，包括财政整顿、以促增长为目的的供给侧改革，以及债务重组。在二十国集团的共同框架倡议下，部分请求债务处理的国家已取得一定进展，但还需就解决更多经济体债务问题的机制达成一致，包括不符合共同框架条件的中等收入国家。

四是缓解能源危机对个体的影响。全球能源和食品价格的大幅上涨引发生活和生产成本的激增。政府迅速采取措施对受影响群体给予支持，如通过社会保障网络的收入和人口统计数据向符合条件的家庭提供现金转移支付，或通过电力公司数据向能源消耗企业提供转移支付。以受能源冲击最严重的欧盟为例，为帮助家庭和企业度过冲击，其针对家庭和企业的财政支持达到GDP的1.3%。

五是应对汇率波动。2022年美联储紧缩的货币政策引发美元大幅升值，新兴市场经济体受到汇率冲击。根据IMF的综合政策框架，如果汇率波动和资本流动大幅增加金融稳定风险（如高美元债务），或者危及央行维持价格稳定的能力，那么暂时的外汇干预是适当的，但不应替代所需的宏观经济政策调整。针对2022年的美元升值，部分新兴市场经济体对资本流动采取管理措施，如埃及、阿根廷、马拉维等。

---

① IMF，*The World Economic Outlook*，Jan 2023.

（二）2023 年经济增长展望①

影响经济的外部冲击正在改善。2023 年 5 月世界卫生组织宣布不再将 Covid-19 视为"全球公共卫生紧急事件"；全球供应链基本恢复，运输成本和供应商交货时间重回疫情前水平。但是阻碍增长的因素仍然存在。通胀仍然高企，继续侵蚀家庭购买力。央行为应对通胀而收紧货币政策，导致借款成本增加、经济活动受限。虽然 2023 年初的欧美银行业冲击已得到缓解，但高利率正在金融体系传导，发达经济体已大幅收紧贷款标准，限制信贷供应。高利率的影响还延伸到公共财政，限制了投资空间，特别是负债高企的发展中国家。

经济增长动力有限。2023 年第一季度，在服务业的推动下全球经济活动表现出较强的韧性。消费需求从商品向服务业转变在发达经济体中基本完成，并在部分新兴市场和发展中经济体中加速，但随着流动性恢复至疫情前水平，消费转变进一步加速的空间有限。与此同时，包括制造业在内的非服务业部门表现疲软，企业进一步削减对生产能力的投资。主要发达经济体的固定资本形成和工业生产已大幅放缓，并拖累国际贸易和新兴市场的制造业。此外，在疫情期间发达国家居民积累的储蓄开始下降，居民对抗冲击的缓冲不断下降。

全球范围内抗通胀仍在继续。伴随全球供应链的正常化，多数国家的总体通胀迅速下降，但核心通胀下降速度较慢，仍远高于央行的政策目标。主要国家央行已明确将进一步收紧货币政策。虽然美联储在 2023 年 6 月的议息会议上宣布暂停加息，但却表明加息周期尚未结束，并指出年内存在 2 次加息的可能性；澳大利亚、加拿大、英国和欧洲央行则宣布继续加息。与此相比，疫情期间对服务需求限制时间较长的东亚地区，其核心通胀依旧保持在低位。在通胀远低于目标的中国，央行 2023 年降低了政策利率。日本银行依旧采取宽松的货币政策，将利率维持在接近零的水平。

银行业冲击已经缓解，但信贷环境仍然紧张。由于当局的迅速反应，2023 年 3 月的银行业冲击得到有效控制。但紧缩的货币政策仍然引发银行业压力，包括资金成本上升和信贷风险增加。美国和欧洲的银行贷款调查显示，银行在 2023 年第一季度大幅限制了信贷准入，该信贷限制有望持续至未来数月。

综上所述，IMF 预计 2023 年全球经济增长率将从 2022 年的 3.5% 下降至 3.0%，低于 2000 年至 2019 年的历史年均水平（3.8%）。发达经济体对增长率下降起到决定性作用，而新兴市场和发展中经济体的增长前景总体稳定。展望未来，全球经济主要面临以下风险。

高通胀恐将持续。对部分经济体而言，劳动力市场紧张和汇率贬值将持续推高通胀，并可能导致长期通胀预期脱锚。2022—2023 年冬，得益于液化天然气进口的增加以及有利的气候条件，欧洲避免了天然气危机，但能源价格飙升的风险仍然存在。此外，厄尔尼诺现象导致的极端天气推高农产品价格。如果"黑海谷物倡议"未能延期，则可能进一步推动粮食价格上涨，给粮食进口国带来压力，特别是那些缺乏财政空间来为家庭和企业受到的影响提供缓冲的国家。供应冲击对各国产生不对称的影响，意味着核心通胀

---

① IMF，*The World Economic Outlook*，April 2023；IMF，*The World Economic Outlook*，July 2023.

和通胀预期的不同动态、政策反应的分歧以及进一步的汇率波动。

新兴市场和发展中经济体债务困境加剧。2023 年 3 月银行业冲击以来，监管当局的积极应对使全球金融条件总体上有所缓解，但新兴市场和发展中经济体的借款成本仍然居高不下，增加了债务困境的风险。截至 6 月，有 25% 的新兴市场和发展中经济体的主权信用利差超过 1 000 个基点，而两年前这一比例仅为 6.8%。虽然目前各国外债占国民总收入的平均比例比 20 世纪八九十年代低三分之一，但以可变利率发行和以美元计价的外债比例更高，债务更容易受到发达经济体货币政策收紧的影响。

金融市场面临重新定价的风险。2023 年 4 月以来，金融市场已上调对货币政策收紧的预期，但仍比政策制定者乐观。预期差异增加了超预期的通胀数据引发的利率突然上升和资产价格下跌的风险。该情形会引发金融条件进一步收紧，并对银行和非银行金融机构的资产负债表产生压力，尤其是那些高度暴露于商业地产的金融机构。潜在的连锁反应会引发资金的避险行为，新兴市场和发展中经济体可能出现资本外流，导致美元进一步升值，对全球贸易和增长产生负面影响。

地缘经济分裂加深。当前的全球经济一体化倒退始于十多年前的国际金融危机，此后英国脱欧和中美经贸摩擦等事件使逆全球化趋势进一步凸显，俄乌冲突加剧了地缘政治紧张并使世界经济分裂。地缘经济的进一步割裂不仅会减少劳动力、货物和资本的跨境流动，还会阻碍全球各方在诸如减缓气候变化、抗击疾病等方面提供全球公共品的合作。部分国家可能会从全球生产活动的调整中受益，但全球经济总体福利将受到负面影响。

（三）2023 年经济政策展望

面对诸多挑战，各国必须在国家和多边层面上采取协调一致的政策行动，改善经济前景。

1. 积极应对通胀

在核心通胀率居高不下的经济体中，央行应继续明确致力于降低通胀的承诺，并使实际利率高于中性利率，直到通胀明显降温。众多不确定性使央行的任务变得复杂，如中性利率水平和政策传导滞后时间难以确定，以及政策效果在经济部门之间存在差异。鉴于这些不确定性，央行应当以数据为依据进行政策调整，在价格压力充分消退之前避免过早放松，并在必要时继续使用政策工具以维护金融稳定。尽管恢复价格稳定的主要责任在于央行，但通过立法进行的政府支出削减或税收增加，可确保公共债务的可持续性，并通过减少总需求增强去通胀策略的整体可信度，从而进一步缓解通胀问题。这对通胀与失业之间存在明显权衡关系的国家尤为重要。

2. 维护金融稳定

货币政策的紧缩给金融部门带来压力，监管部门有必要加强风险监测，并关注银行业压力的进一步发展。监管的强度必须与银行的风险和系统重要性相适应，并且要关注非银金融部门的监管漏洞。宏观审慎政策措施可以预防性地应对银行和非银行金融机构出现的风险。在市场出现紧张时，央行应及时提供流动性支持，并在减少道德风险的同时限制风险传播。由于央行无法处理破产问题，因此政府需重建财政空间以便在关键时刻动用实际资源。面临外部风险冲击的国家可以充分利用国际金融机构提供的全球金融安全网，如 IMF 的预防性金融安排。

3. 在保护弱势群体的同时重建财政空间

目前多数国家的财政赤字和政府债务均超过疫情前水平，可信的中期财政调整对恢复预算的灵活性并确保债务可持续性至关重要。财政调整应确保对弱势群体进行有针对性的支持，并逐步取消无针对性的财政措施，如能源补贴，尤其是在能源价格已经基本恢复到疫情前水平的情况下。对于处于债务困境的国家，实现债务的可持续性不仅需要适时的财政调整，还需要债务重组。

4. 缓解新兴市场经济体和低收入国家的资金紧缺

融资约束使许多新兴市场经济体和低收入国家面临债务偿还问题，高企的主权利差阻碍了短期融资的市场准入。需要通过国际协调解决这些经济体的债务问题，并避免债务危机的传播，如通过二十国集团的共同框架和全球主权债务圆桌会议。目前已有三个国家（乍得、埃塞俄比亚和赞比亚）在共同框架下提出债务减免请求。

5. 推动供给端改革

缓解劳动力市场紧张程度有助于财政调整和通胀平稳。相关措施可围绕鼓励就业、减少就业搜索和匹配摩擦展开，包括针对经验短缺职业开展短期培训，制定劳动法规完善远程办公和休假政策以增加工作灵活性，以及通过移民解决劳动力短缺问题。在市场失灵的情况下，可在财政空间允许的范围内制定相关产业政策，但应避免国内成分要求（domestic content requirements）和贸易壁垒。此外，还需加强对清洁能源的投资，在实现国家碳减排目标的同时确保足够的能源供应。

二、全球金融格局

（一）主要金融资产

1．全球股市市值同比下降

根据世界交易所联盟（World Federation of Exchanges，WFE）统计，2022 年末全球主要证券交易所的股票市值为 98.95 万亿美元，较 2021 年下降 20.46%（见图 1-1）。

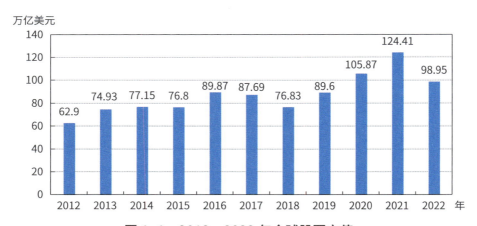

图 1-1　2012—2022 年全球股票市值

（数据来源：WFE）

2. 各国信贷资产增长分化

近年来，主要经济体信贷情况因本国经济增长差异而产生分化。国际清算银行（Bank for International Settlements，BIS）数据显示，2022 年中国香港和日本的信贷余额占 GDP 比例均超过 400%，新加坡占比超过 300%。

从占比变化看，中国香港同比增长 5.1 个百分 点，中国同比增长 10.6 个百分点（见表 1-2）。

表 1-2　部分经济体金融部门向本国地区非金融部门的授信余额及其占 GDP 比例

单位：十亿美元、%

经济体	2022 年		2021 年		2020 年		2019 年	
	余额	占比	余额	占比	余额	占比	余额	占比
美国	65 082	255.6	64 584	281.0	61 999	296.1	54 301	253.3
欧元区	35 644	250.9	38 743	279.4	40 508	291.8	34 850	259.7
英国	7 288	245.1	9 005	289.2	8 796	304.4	7 814	266.3
日本	17 482	414.1	19 771	419.9	21 873	418.9	19 512	378.3
新加坡	1 669	347.5	1 446	365.7	1 229	346.5	1 142	300.6
中国香港	1 639	453.2	1 649	448.1	1 467	423.1	1 371	375.0
中国	52 126	297.2	51 522	286.6	44 799	289.5	37 199	262.9
印度	5 552	172.7	5 420	176.4	4 776	180.8	4 443	159.2
巴西	3 241	172.8	2 811	180.5	2 709	189.0	3 095	168.0
俄罗斯	2 425	113.7	2 122	122.5	1 961	136.9	1 949	111.2
南非	547	140.2	532	138.0	518	153.1	494	137.2

数据来源：BIS。

3. 跨境权益与负债保持稳定

据 BIS 统计，2022 年末全球跨境权益总头寸为 36.52 万亿美元，负债为 33.40 万亿美元，较 2021 年略有上升。从币种结构来看，首先是美元，权益头寸为 16.57 万亿美元，负债头寸为 15.53 万亿美元；其次是欧元，权益头寸为 11.85 万亿美元，负债头寸为 10.93 万亿美元。从跨境头寸的工具来看，首先是贷款，权益和负债头寸分别为 22.62 万亿美元和 23.91 万亿美元；其次是债券，权益和负债头寸分别为 7.27 万亿美元和 4.06 万亿美元。主要经济体的跨境权益和负债余额见表 1-3。

表 1-3　部分经济体跨境权益和负债余额

单位：十亿美元

经济体	权益			负债		
	2022 年	2021 年	2020 年	2022 年	2021 年	2020 年
美国	3 327.3	3 370.0	3 392.8	4 471.5	4 278.6	3 861.5
英国	5 337.6	5 517.6	5 421.3	5 386.7	5 656.7	5 600.1
日本	4 284.3	4 349.2	4 319.7	1 477.0	1 397.5	1 477.1

续表

经济体	权益			负债		
	2022 年	2021 年	2020 年	2022 年	2021 年	2020 年
新加坡	842.2	842.2	852.5	744.9	744.9	747.4
中国香港	1 824.5	1 742.9	1 711.8	1 369.7	1 375.1	1 360.8
中国	1 518.6	1 531.0	1 372.4	1 352.2	1 569.0	1 484.7
印度	51.1	64.4	65.9	223.8	217.3	204.5
巴西	73.5	65.2	65.6	140.4	135.2	143.1
俄罗斯	—	200.6	194.7		134.5	124.2
南非	50.9	57.4	65.2	39.7	34.6	43.0

数据来源：BIS，Table A2。

4. 债券资产持续增长

近年来，多数经济体所持有的境内外债券资产余额呈增长态势，如美国、新加坡、印度等（见表 1-4）。美国持有最大的境内外债券余额。

表 1-4　部分经济体境内外债券资产余额

单位：十亿美元

经济体	2022 年	2021 年	2020 年	2019 年	2018 年	2017 年
美国	51 937	49 288	46 602	41 232	39 454	37 901
英国	4 793	6 822	6 868	6 288	5 756	6 030
日本	12 056	13 373	14 670	12 825	12 474	11 930
新加坡	657	612	543	493	441	412
中国香港	573	582	559	532	510	473
中国	21 660	21 816	18 556	14 726	12 907	11 757
印度	1 750	1 737	1 566	982	903	903
巴西	2 431	2 102	2 036	2 286	2 212	2 309
俄罗斯	—	535	522	493	391	433
南非	369	360	363	312	269	283

数据来源：BIS，Table C1。

国际债券市场未清偿余额基本平稳。按发行人所在地划分，英、美两国占主要份额，合计约 77.94%（见表 1-5）。

表 1-5　部分经济体发行的国际债券未清偿余额

单位：十亿美元、%

经济体	2022 年		2021 年		2020 年		2019 年	
	余额	占比	余额	占比	余额	占比	余额	占比
美国	2 396	33.22	2 445	32.47	2 438	33.03	2 356	32.81
英国	3 226	44.72	3 405	45.22	3 334	45.17	3 288	45.79

经济体	2022 年		2021 年		2020 年		2019 年	
	余额	占比	余额	占比	余额	占比	余额	占比
日本	521	7.22	544	7.23	510	6.91	480	6.69
新加坡	211	2.93	206	2.74	186	2.52	185	2.58
中国香港	341	4.73	375	4.98	359	4.86	340	4.74
中国	222	3.08	238	3.16	229	3.10	217	3.02
印度	74	1.02	78	1.04	68	0.92	61	0.85
巴西	104	1.44	109	1.45	114	1.55	117	1.63
俄罗斯	83	1.15	95	1.26	106	1.44	95	1.32
南非	35	0.49	34	0.45	37	0.50	41	0.57
合计	7 213	100	7 529	100	7 381	100	7 180	100

数据来源：BIS。

（二）国际主要货币

当前的国际货币体系是以美元为主导，欧元、英镑、日元等货币并存的多元化格局。人民币在货币体系中的地位不断提高。2022 年的数据显示，人民币已成为全球第五大储备货币。

1. 主要货币稳定性比较

（1）主要货币汇率比较

美元指数于 2018 年开始保持回升态势，并持续至 2020 年初。新冠疫情带来的美元流动性短缺导致美元指数在 2020 年 3 月超过 102；之后，疫情引发美联储实施大规模的量化宽松政策，美元指数相应回落；2021 年底，为应对通货膨胀压力，美联储以更快的速度缩减资产购买规模，并开启加息周期，美元指数重拾上升趋势，并于 2022 年 9 月达到 114 的高点；之后，伴随美联储加息放缓，美元指数有所回落，截至 2023 年 6 月 30 日，美元指数稳定在 102 左右（见图 1-2）。

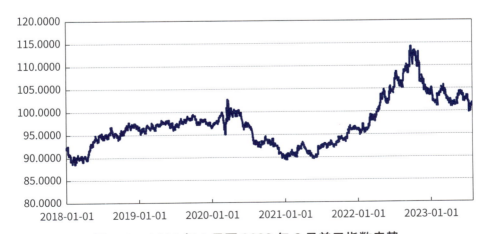

图 1-2　2018 年 1 月至 2023 年 6 月美元指数走势

（数据来源：Wind）

主要发达经济体的汇率走势出现分化。由于欧洲地区经济复苏不及预期，欧元和英镑从 2018 年起对美元持续贬值，并在 2020 年初在由疫情暴发引起的美元流动性短缺的影响下达到阶段性低点；疫情期间，欧元和英镑因美联储量化宽松政策带来的美元走弱而升值，该升值趋势持续至 2021 年年中；之后，伴随美联储进入紧缩周期以及俄乌冲突导致的经济下滑，欧元、英镑持续走弱，

该贬值趋势持续至 2022 年 10 月；之后，伴随美元指数的回落，欧元和英镑触底反弹。2021 年 6 月之前，日元对美元整体走势平稳；之后，美日货币政策分化导致美日国债利差持续扩大，国际资本流出日本，日元开始贬值，同时俄乌冲突带来能源价格上涨，日本贸易条件恶化，进一步加剧日元贬值趋势（见图 1-3）。

图 1-3 2018 年 1 月至 2023 年 6 月主要发达经济体汇率
（数据来源：Wind）

除俄罗斯之外，多数新兴市场货币的汇率走势较为一致。人民币对美元汇率从 2018 年开始贬值，直至 2020 年 6 月；后因美国大规模量化宽松政策而出现回升；2022 年初伴随美联储进入加息周期，人民币对美元再次呈现贬值趋势（见图 1-4）。其他新兴市场经济体货币对美元汇率走势与人民币类似，大多呈现贬值、升值、再贬值的走势。俄罗斯是一个例外，由于俄乌冲突以及西方的经济制裁，卢布对美元汇率在 2022 年 2 月底开启一轮迅速贬值的走势。为稳定币值，俄罗斯政府采取加息、资本管制、大宗商品卢布结算、将卢布与黄金挂钩等一系列措施，推动卢布对美元汇率快速升值。2022 年 3 月至

6 月，在其他新兴市场经济体货币对美元持续贬值的时候，卢布汇率却达到 1 美元兑 51 卢布的高点。然而卢布的升值趋势未能延续，2022 年 6 月之后，由于冲突和国际制裁影响的持续扩大，卢布重启贬值趋势（见图 1-5）。

（2）各经济体通货膨胀水平比较

在量化宽松政策和供应链中断的影响下，2021 年全球主要经济体通胀水平持续上升；2022 年初的俄乌冲突引发能源等大宗商品价格上涨，进一步推高全球通胀水平。2022 年下半年，除日本和中国外，美国、印度、俄罗斯、南非和巴西的通货膨胀率均超过 5%，俄罗斯一度高达 17%。自 2022 年第四季度起，伴随全球央行的紧缩政策（中国除外），全球通

胀见顶回落，截至 2023 年 6 月，全球主要经　济体通胀水平均低于 8%（见图 1-6）。

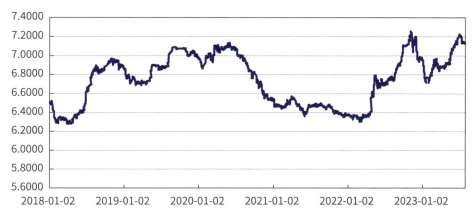

图 1-4　2018 年 1 月至 2023 年 6 月人民币汇率

（数据来源：Wind）

—— 美元兑印度卢比（左轴）　　　　—— 美元兑俄罗斯卢布（左轴）
—— 美元兑巴西雷亚尔（右轴）　　　　—— 美元兑南非兰特（右轴）

图 1-5　2018 年 1 月至 2023 年 6 月部分新兴市场经济体汇率

（数据来源：Wind）

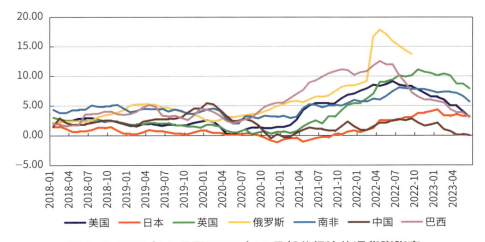

—— 美国　—— 日本　—— 英国　—— 俄罗斯　—— 南非　—— 中国　—— 巴西

图 1-6　2018 年 1 月至 2022 年 6 月部分经济体通货膨胀率

（数据来源：Wind）
（注：通货膨胀率指标为 CPI 当月同比）

2. 全球外汇储备币种构成

2022 年末，全球官方外汇储备为 11.9 万亿美元，较 2021 年末下降 1 万亿美元，可识别货币占比为 93.27%。美元和欧元在全球主要储备货币中分别占 58.58% 和 20.37%；人民币占比为 2.61%，较 2021 年的 2.88% 有所下降（见表 1-6）。

表 1-6 全球官方外汇储备币种构成

单位：%

币种	2022 年	2021 年	2020 年	2019 年	2018 年	2017 年	2016 年	2015 年
美元	58.58	58.88	58.94	60.72	61.74	62.72	65.34	65.72
欧元	20.37	20.06	21.29	20.58	20.67	20.15	19.13	19.14
人民币	2.61	2.88	2.27	1.94	1.89	1.22	1.08	—
日元	5.50	5.36	6.05	5.89	5.19	4.89	3.95	3.75
英镑	4.90	4.97	4.73	4.64	4.43	4.54	4.34	4.71
澳大利亚元	1.96	1.93	1.82	1.70	1.63	1.80	1.69	1.77
加拿大元	2.38	2.46	2.08	1.86	1.84	2.02	1.94	1.77
瑞士法郎	0.23	0.23	0.17	0.15	0.14	0.18	0.16	0.27
其他货币	3.47	3.23	2.66	2.53	2.47	2.49	2.37	2.86

数据来源：IMF, Currency Composition of Official Foreign Exchange Reserves。

第二章
上海国际金融中心发展情况

一、经济金融发展概况

2022 年，面对国内外复杂严峻经济环境和疫情冲击等超预期因素的多重挑战，上海统筹疫情防控和经济社会发展，加力落实稳经济各项政策举措，全市经济运行呈现"平稳开局、深度回落、快速反弹、持续恢复"的态势，城市核心功能稳定运行，经济新动能持续发力，生产需求回稳向好，就业物价总体稳定。金融系统积极发挥货币政策工具的总量和结构双重作用，主动应对疫情影响，努力服务实体经济，坚决稳住经济大盘，全年信贷保持增长，结构持续优化，金融支持疫后经济修复和重点领域帮扶提质增效。全年，全市实现地区生产总值 4.47 万亿元，同比下降 0.2%（见图 2-1）。

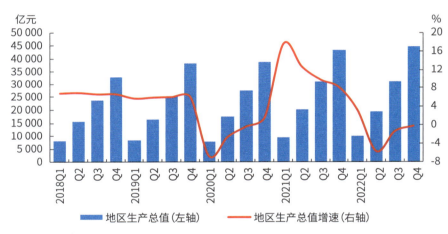

图 2-1　上海市地区生产总值及其增长率

（数据来源：上海市统计局）

（一）上海经济运行情况

1. 投资和消费逐步恢复，进出口下行压力有所显现

固定资产投资加快恢复。2022 年，全社会固定资产投资总额同比下降 1.0%，降幅比上半年大幅收窄 18.6 个百分点（见图 2-2）。从三大投资领域看，工业投资同比增长 0.6%，增幅比上半年提高 21.7 个百分点；房地产开发投资同比下降 1.1%，降幅比上半年收窄 16 个百分点；基础设施投资同比下降 7.9%，降幅比上半年收窄 30.2 个百分点。

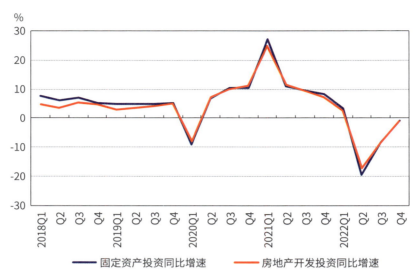

图 2–2　上海市固定资产投资及其增长率

(数据来源：上海市统计局)

营商环境持续优化。2022 年，全市新设市场主体 41.5 万户。创新型企业加快成长，新增国家级专精特新"小巨人"243 家，有效期内高新技术企业超过 2.2 万家。

市场消费有所回暖。2022 年，社会消费品零售总额 1.64 万亿元，同比下降 9.1%，降幅比上半年收窄 7 个百分点（见图 2–3）。分行业看，批发和零售业零售额同比下降 7.9%，住宿和餐饮业零售额同比下降 22.4%。网上消费占比提高。全年，网上商店零售额 3 461.4 亿元，同比下降 3.9%；占社会消费品零售总额的比重为 21.1%，比上年提高 2.5 个百分点。

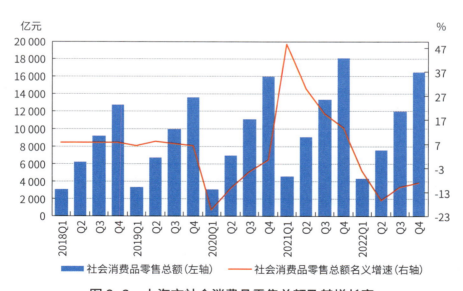

图 2–3　上海市社会消费品零售总额及其增长率

(数据来源：上海市统计局)

外贸进出口下行压力有所显现。2022 年，全市货物进出口总额 4.19 万亿元人民币，同比增长 3.2%。其中，出口总额 1.71 万亿元，同比增长 9.0%；进口总额 2.48 万亿元，同比下降 0.5%。从月度增速看，从下半年开始货物进出口增速逐步放缓，11 月转负，12 月下降 6.8%，下行压力有所显现（见图 2-4）。全年，全市口岸进出口总额达到 10.4 万亿元，占全球比重提高到 3.6% 左右，保持世界城市首位。航运中心枢纽地位巩固。全年，上海港国际标准集装箱吞吐量达到 4 730.3 万标准箱，连续 13 年位列全球第一。新型国际贸易加快发展，离岸经贸业务企业名单扩展至 577 家，支持布局海外仓数量达 110 个。

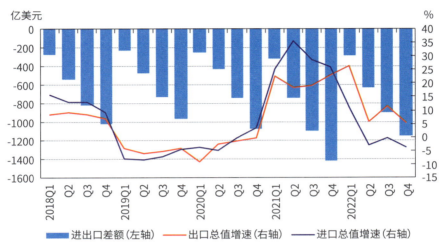

图 2-4　上海市货物进出口增长率

(数据来源：上海海关)

利用外资保持增长。2022 年，全市外商直接投资实际到位金额 239.6 亿美元，规模创历史新高。第三产业外商直接投资实际到位金额 230.7 亿美元，占比达 96.3%。总部经济加快集聚，跨国公司地区总部、外资研发中心分别新增 60 家和 25 家，累计分别达到 891 家和 531 家。

2. 工业生产稳步恢复，服务业行业发展有所分化

工业生产稳步恢复。2022 年，全市规模以上工业增加值同比下降 0.6%，降幅比上半年收窄 10.7 个百分点；规模以上工业总产值同比下降 1.1%，降幅比上半年收窄 8.6 个百分点。其中，汽车、电子等重点行业较快增长。汽车制造业总产值同比增长 9.3%，计算机、通信和其他电子设备制造业总产值同比增长 1.7%。集成电路、生物医药、人工智能三大

先导产业加快发展，2022 年全市三大先导产业制造业产值比上年增长 11.1%。工业战略性新兴产业总产值同比增长 5.8%，增速高于全市工业 6.9 个百分点。其中，新能源汽车产值同比增长 56.9%，生物和新一代信息技术产值同比分别增长 5.9% 和 4.7%。

服务业行业发展有所分化。2022 年，全市第三产业增加值 3.31 万亿元，同比增长 0.3%，占全市生产总值的比重为 74.1%。其中，金融业增加值 8 626.3 亿元，同比增长 5.2%；信息传输、软件和信息技术服务业增加值 3 788.6 亿元，同比增长 6.2%；房地产业增加值 3 619.2 亿元，同比增长 0.9%；租赁和商务服务业增加值 2 894.1 亿元，同比增长 0.2%；交通运输、仓储和邮政业增加值 1 914.5 亿元，同比下降 8.1%；批发和零售业增加值 5 068.5 亿元，同比下降 9.7%。

15

3. 经济效益有所好转，就业形势总体稳定

地方财政收入有所好转。2022 年，全市完成一般公共预算收入 7 608.2 亿元，同比下降 2.1%，降幅比上半年收窄 7.7 个百分点；扣除留抵退税因素，同比下降 3.9%，降幅比上半年收窄 9 个百分点。从支出看，全市一般公共预算支出 9 393.2 亿元，同比增长 11.4%，卫生健康、节能环保、交通运输等重点支出优先保障（见图 2-5）。

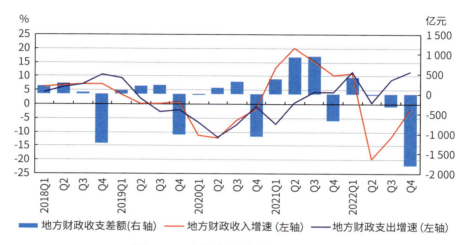

图 2-5　上海市地方财政收支状况

（数据来源：上海市统计局）

居民收入保持增长，就业形势总体稳定。2022 年，全市居民人均可支配收入 79 610 元，同比增长 2.0%。其中，城镇常住居民人均可支配收入 84 034 元，同比增长 1.9%；农村常住居民人均可支配收入 39 729 元，同比增长 3.1%。全年，全市新增就业岗位 56.35 万个。12 月，城镇调查失业率为 4.3%，与上月持平。

企业盈利逐步改善。2022 年，全市规模以上工业企业营业收入同比增长 1.1%，增速比上半年提高 6.1 个百分点；利润总额同比下降 11.7%，降幅比上半年收窄 16.2 个百分点。数字经济相关领域指标增势良好。全年，全市规模以上信息传输、软件和信息技术服务业营业收入和利润总额分别比上年同期增长 7.9% 和 23.3%。

4. 居民消费价格温和上涨，工业生产者价格涨幅回落

居民消费价格（CPI）温和上涨。2022 年，全市居民消费价格同比上涨 2.5%，涨幅比上半年回落 0.3 个百分点。从两大分类看，消费品价格上涨 3.2%，服务价格上涨 1.8%。八大类价格"七升一降"，食品烟酒类价格上涨 4.5%，交通通信类价格上涨 4.4%，教育文化娱乐类价格上涨 3.5%，医疗保健类价格上涨 2.1%，生活用品及服务类价格上涨 2.0%，居住类价格上涨 1.0%，其他用品及服务类价格上涨 0.6%，衣着类价格下降 1.0%。

工业生产者价格（PPI）涨幅回落。2022 年，全市工业生产者出厂价格同比上涨 2.6%，涨幅比上半年回落 0.7 个百分点；工业生产者购进价格上涨 4.9%，涨幅比上半年回落 2.6 个百分点（见图 2-6）。

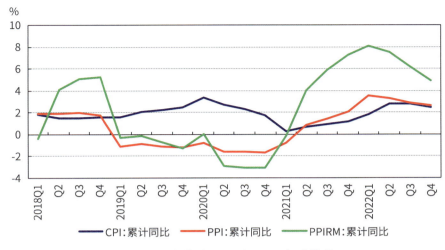

图 2-6 上海市 CPI 和 PPI 变动趋势

(数据来源：上海市统计局)

5. 房地产成交总体稳定，价格涨幅收窄

2022 年，全市新建商品住房成交面积 1 561.5 万平方米，下半年购房需求有所释放，加之新房推盘速度加快，成交增速由上半年的 -19.8% 回升至全年的 4.8%。房价涨幅收窄。12 月，全市新建商品住宅成交价格同比上涨 4.1%，涨幅比上年同期收窄 0.1 个百分点；二手住宅成交价格同比上涨 2.6%，涨幅比上年同期收窄 3.9 个百分点。库存去化周期有所回升。12 月末，全市新建商品住宅可售面积 629 万平方米，同比增长 7.2%；二手存量住房可售面积 990 万平方米，与上年同期基本持平。

（二）上海金融运行情况

2022 年，人民银行上海总部①按照总行部署，加大稳健货币政策实施力度，综合运用多种货币政策工具，保持流动性合理充裕，建立存款利率市场化调整机制，推动降低企业融资成本；坚决支持稳住宏观经济大盘，

出台金融支持疫情防控和经济社会发展 23 条措施，创设多项专项再贷款。具体看，各项存款指标在上年高基数的基础上继续保持增长；贷款增长有所放缓，贷款投向不断优化；融资成本持续回落，融资贵问题得到缓解；社会融资规模同比微降，直接融资占比上升；流动性状况较为平稳，信贷资产质量基本稳定；业务经营总体稳健，利润增速有所收窄。

1. 企业存款增速下滑，个人存款增速创新高

2022 年 12 月末，全市金融机构本外币各项存款余额为 192 293.1 亿元，同比增长 9.4%，较同期全国存款增速低 1.4 个百分点。其中，中外资金融机构人民币和外币存款余额分别为 180 627.7 亿元和 1 675.0 亿美元，同比分别增长 10.3% 和下降 11.1%，增速分别较上年末下降 2.4 个和 27.8 个百分点（见图 2-7）。月末各项存款占全国的比重为 7.3%，较上年末低 0.1 个百分点。

---

① 自 2023 年 8 月 18 日起，中国人民银行上海总部更名为中国人民银行上海市分行。

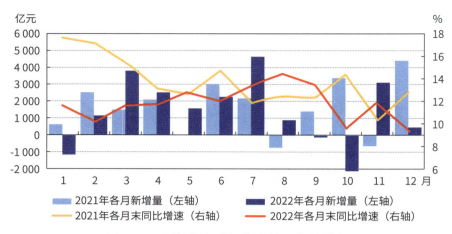

图 2-7　上海市金融机构本外币存款增长

(数据来源：中国人民银行上海总部)

2022 年，全市本外币各项存款累计新增 16 463.2 亿元，同比少增 3 503.3 亿元。分币种看，人民币各项存款增加 16 809.6 亿元，同比少增 1 682.7 亿元；外币各项存款减少 209.0 亿美元，同比多减 478 亿美元。分主体看，境内存款累计增加 16 548.5 亿元，同比少增 2 150.3 亿元；境外存款累计减少 85.3 亿元，同比多减 1 353.0 亿元。

2022 年全市存款增长呈以下特点：一是经济恢复带动生产经营资金周转加快，非金融企业沉淀资金明显减少。全年非金融企业存款增加 3 648.65 亿元，同比少增 3 586.39 亿元，其中 12 月增加 919.82 亿元，同比少增 1 865.83 亿元。非金融企业存款年末增速为 4.7%，为 2015 年下半年以来最低，环比和同比分别下降 2.8 个和 5.1 个百分点。年末企业存款增速大幅下滑，除基数较高，还与企业年终分配、偿还到期贷款，部分境内企业购汇清偿外币贷款，以及疫情放开后企业扩大生产经营和贸易结算的资金投入等因素叠加，分流大量企业存款资金有关。分存款品种看，全年境内企业的定期存款、协定存款、大额存单和保证金存款分别增加 1 410.12 亿元、1 398.10 亿元、618.71 亿元和 406.58

亿元，同比分别多增 908.66 亿元、691.50 亿元、107.05 亿元和 290.60 亿元；活期存款和通知存款分别增加 831.48 亿元和 567.56 亿元，同比分别少增 1 288.38 亿元和 1 320.28 亿元；结构性存款减少 526.36 亿元，同比多减 740.88 亿元。在美元等外币境内外利差扩大的预期下，境外企业主动削减在境内银行的外币存款配置，导致企业外汇存款下降较快。全年企业外币存款减少 212.91 亿美元，其中境外企业的外币存款减少 248.54 亿美元，同比多减 379.49 亿美元。

二是个人存款增速屡创新高，存款定期化趋势显著。12 月末，个人存款增速为 23%，创历史新高，环比和同比分别提高 3.1 个和 12 个百分点。全年新增个人存款 1.02 万亿元，同比多增 5 769.41 亿元。分存款品种看，个人定期存款占比上升较快。个人定期存款增加 5 630.37 亿元，同比多增 2 594.95 亿元。其中，下半年增加 3 797 亿元，为上半年增量的 2.1 倍，占下半年个人存款增量的 64%，占比高出上半年 20 个百分点；12 月个人定期存款增加 840.29 亿元，创历史新高，环比和同比分别多增 28.17 亿元和 614.69 亿元。个人存款定期化趋势的不断强化主要与资本市场低迷和居民消费意愿减弱有关。此外，在理财资金回流和固定期限类存款重定价的影响下，全年个人活期存款、通知存款和大额存单分别增加 3 003.75 亿元、966.49 亿元和 582.13 亿元，同比分别多增 1 746.26 亿元、691.56 亿元和 85.75 亿元；个人结构性存款减少 83.08 亿元，同比少减 347.60 亿元。

三是非银行业金融机构存款由升转降。全年非银行金融机构存款增加 926.39 亿元，同比少增 5 080.66 亿元，其中第四季度减少 2 094.76 亿元，扭转了前三季度增势，同比多减 3 988.42 亿元。第四季度非银行同业存款由升转降一方面与同业跨境人民币资金清算导致境外同业人民币存放减少 1 331.27 亿元有关，另一方面也与境内证券公司、保险公司和特殊目的载体存放分别减少 234.37 亿元、233.84 亿元和 175.50 亿元有关。

2. 贷款增长速度放缓，贷款投向不断优化

2022 年 12 月末，上海市本外币各项贷款余额为 103 138.9 亿元，较年初增加 7 106.8 亿元，同比增长 7.4%，较同期全国贷款增速低 3.0 个百分点。其中，中外资金融机构人民币和外币贷款余额分别为 96 492.6 亿元和 954.3 亿美元，同比分别增长 9.3% 和下降 21.7%，增速分别较上年末下降 3.9 个和 41.3 个百分点。

2022 年，上海市本外币贷款累计增加 7 106.8 亿元，同比少增 4 284.0 亿元（见图 2-8）。分币种看，人民币各项贷款增加 8 232.5 亿元，同比少增 2 038.3 亿元；外币各项贷款减少 264.7 亿美元，同比多减 464.2 亿美元。分主体看，境内贷款累计增加 7 064.8 亿元，同比少增 3 610.1 亿元；境外贷款累计增加 42.0 亿元，同比少增 673.9 亿元。

图 2-8　上海市金融机构本外币贷款增长

（数据来源：中国人民银行上海总部）

2022 年全市贷款增长呈以下特点：一是外币贷款、个人消费贷款变动和个别银行调出贷款拉低了全市贷款增速。受美元持续升息加速外币债务清偿的影响，全市外币贷款出现大幅回落，全年减少 264.7 亿美元，同比多减 464.2 亿美元（折合人民币 2 245.66 亿元）。受疫情抑制消费信贷有效需求和部分汽车消费贷款证券化出表的影响，全年个人消费贷款仅增 57 亿元，同比少增 1 865.56 亿元。此外，年末企业流动性贷款和票据转

贴现大量到期也拖累贷款增长。12月，企业人民币短期经营贷款和票据转贴现分别减少515.34亿元和144.31亿元，同比分别多减303.41亿元和455.31亿元。二是非金融企业中长期贷款增量回升。全年非金融企业贷款增加6 340.68亿元，其中境内企业贷款增加5 728.36亿元，同比少增2 002.25亿元。从贷款种类看，境内企业经营贷款和票据融资分别增加3 162.58亿元和1 065.49亿元，同比分别多增253.35亿元和505亿元，较好地满足了企业经营性资金周转需求。从贷款期限分，境内企业中长期贷款增加3 478.85亿元，其中第四季度增加967.34亿元，环比多增428.69亿元。三是信贷投向结构趋于优化。从贷款投向看，全年新增贷款主要投向工业、租赁商务服务业、批发零售业和高新技术服务业，分别增加1 595.48亿元、923.78亿元、599.76亿元和523.08亿元，同比分别少增596.06亿元、多增96.15亿元、多增66.92亿元和多增55.53亿元。四是个人住房贷款增速继续探底，保障性住房开发贷款同比多增。受LPR持续下行、资本市场波动以及居民收入稳定性下降等多重因素影响，个人住房贷款增速持续回落，12月末增速为0.7%，为历史最低，环比和同比分别回落0.5个和7.4个百分点。全年房产开发贷款增加429.65亿元，同比多增190.08亿元，其中商业用房开发贷款和保障性住房开发贷款分别增加498.77亿元和89.24亿元，同比分别多增407.11亿元和118.82亿元。五是普惠小微贷款和民营企业贷款保持增长态势。全年普惠小微贷款增加1 797.87亿元，其中12月增加209.44亿元，环比和同比分别多增41.51亿元和40.27亿元；月末余额同比增长25.6%，环比持平。信贷继续加大对小微企业主和个体工商户稳经营、保就业的支持力度，全年个体工商户和小微

企业主的人民币经营贷款增加931.71亿元，占普惠小微贷款全部增量的51.8%，同比多增39.31亿元。全年民营企业贷款增加3 294.76亿元，同比少增396.43亿元，主要是非国有企业同比少增500亿元；月末余额同比增长10%，高出同期全部贷款增速2.6个百分点。

3. 融资成本持续回落，融资贵问题得到缓解

市场资金面总体宽松，银行间融资成本持续回落。2022年12月，银行间市场同业拆借及质押式债券回购月加权平均利率分别为1.2559%和1.4095%，分别较上年12月下降76.3个和63.4个基点。

不同品种贷款利率同步下行。2022年12月，上海人民币贷款加权平均利率为3.69%，较上年12月下降57个基点。其中，一般贷款平均利率为4.02%，较上年12月下降63个基点；票据融资平均利率为1.69%，较上年12月下降48个基点。

4. 社会融资规模同比微降，本外币贷款有所减少，直接融资占比上升

2022年，上海社会融资规模为8 842.31亿元，同比少增3 323.96亿元。其中，人民币与外币贷款合计增加6 614.49亿元，同比少增4 154.35亿元，合计占比74.8%，较上年同期下降14.0个百分点。信托贷款减少1 406.09亿元，同比少减396.42亿元；未贴现银行承兑汇票增加440.62亿元，同比多增911.99亿元；委托贷款减少72.13亿元，同比多减91.12亿元。

在直接融资方面，地方政府专项债呈现爆发式增长，支持实体经济力度明显大增。2022年，政府债券融资1 193.30亿元，同比多增727.40亿元，占社会融资规模的13.5%，同比大幅上升9.7个百分点。股票融

资占比依旧维持高位。上海非金融企业境内股票融资 1 110.43 亿元，同比少增 130.62 亿元，占社会融资规模的 12.6%，同比上升 2.4 个百分点。受债券市场大幅波动影响，企业

债券取消发行较多，2022 年企业债券融资 352.14 亿元，同比少增 636.90 亿元，占社会融资规模的 4.0%，同比下降 4.2 个百分点（见图 2-9）。

图 2-9　上海市社会融资规模结构（2022 年）

（数据来源：中国人民银行上海总部）

5. 流动性状况较为平稳，信贷资产质量基本稳定

贷存比和备付率水平微降。由于年初以来存款增速略高于贷款增速，全年贷存比小幅下降。2022 年 12 月末，全市中资商业银行人民币贷存比为 49.5%，比上年同期下降 0.5 个百分点；外资金融机构人民币贷存比为 59.3%，比上年同期下降 2.9 个百分点。全市中资商业银行人民币备付率为 1.42%，比上年同期小幅下降 0.12 个百分点。

2022 年，上海金融机构不良贷款率略微下降，信贷风险基本可控。随着更多的逾期 90 天以上贷款纳入不良贷款，上海不良贷款额较上年末上升。12 月末，上海金融机构不良贷款余额 819.6 亿元，比上年末增加 47.4 亿元；不良贷款率为 0.79%，比上年末下降 0.02 个百分点，同时继续明显低于全国 1.71%

的水平。12 月末，在沪法人银行拨备覆盖率为 342.6%，较上年同期下降 21.6 个百分点，显著高于全国同期水平 205.9%。综合来看，上海商业银行的资产质量基本稳定。

6. 业务经营总体稳健，利润增速有所收窄

资产负债增速有所放缓。根据上海银保监局数据，2022 年 12 月末，全市金融机构本外币资产和负债同比分别增长 9.7% 和 9.9%，增速较上年末分别下降 1.2 个和 0.9 个百分点。其中，中资银行资产总额为 21.8 万亿元，同比增长 10.4%；外资银行资产总额为 1.6 万亿元，同比增长 1.7%。

利润增速有所收窄。2022 年，全市金融机构实现净利润 1 624.9 亿元，同比增长 0.9%，增速较上年末下降 11.5 个百分点（见图 2-10）。

图 2-10　上海市金融机构资产负债及净利润增速

（数据来源：中国人民银行上海总部）

二、金融服务业与金融机构

（一）银行业

截至 2022 年末，上海市各类营业性银行业金融机构数量已达 4 112 家，包括 3 家中资法人银行、18 家外资法人银行、3 家政策性银行上海分行、6 家大型银行上海市分行、12 家股份制商业银行上海分行、14 家城市商业银行上海分行、4 家资产管理公司上海分公司、40 家持牌专营机构、14 家村镇银行、53 家非银行金融机构（51 家法人非银行金融机构、2 家分公司）、78 家外资银行上海分行、3 798

个支行及以下营业网点，以及 69 家自贸试验区分支行及其他金融机构。从业人员 13.9 万人。

截至 2022 年末，上海银行业金融机构资产总额 23.39 万亿元，同比增长 9.74%，占全国的 6.17%；各项贷款余额 10.34 万亿元，同比增长 8.54%；各项存款余额 15.67 万亿元，同比增长 11.98%；不良贷款余额 819.64 亿元，比年初增加 47.37 亿元；不良贷款率 0.79%，比年初下降 0.02 个百分点，比全国银行业 1.71% 的平均水平低 0.92 个百分点。2022 年全年上海银行业累计实现净利润 1 624.93 亿元，同比增长 0.92%（见表 2-1）。

表 2-1　2022 年上海银行业运行主要数据

指标	2022 年	2021 年	同比增长
总资产	23.39 万亿元	21.31 万亿元	9.74%
各项存款余额	15.67 万亿元	13.99 万亿元	11.98%
各项贷款余额	10.34 万亿元	9.53 万亿元	8.54%
不良贷款余额	819.64 亿元	772.28 亿元	6.13%
不良贷款率	0.79%	0.81%	−0.02 个百分点
净利润	1 624.93 亿元	1 610.13 亿元	0.92%

数据来源：中国银行保险监督管理委员会上海监管局。

（二）证券期货业

截至 2022 年末，上海共有证券公司 31 家

（包括 11 家证券公司下属的资产管理公司），占全国 140 家的 22.14%。证券公司分公司 141 家，证券营业部 779 家。此外，上海还有证券

投资咨询公司 16 家和境外证券类机构上海代表处 34 家（含 1 家境外交易所上海代表处）。上海证券公司总资产 2.37 万亿元、净资产 6 453.83 亿元、净资本 4 726.75 亿元，同比分别增长 3.63%、6.29% 和 2.51%（见表 2-2）。

表 2-2　2022 年上海证券公司经营情况

项目	2022 年		2021 年	
	绝对数	同比增减	绝对数	同比增减
证券公司家数（家）	31	0	31	1
全国占比（%）	22.14	—	22.14	—
总资产（亿元）	23 676.02	3.63%	22 846.65	17.33%
净资产（亿元）	6 453.83	6.29%	6 071.90	11.49%
净资本（亿元）	4 726.75	2.51%	4 611.08	10.42%
营业收入（亿元）	865.19	−22.17%	1 111.61	11.19%
净利润（亿元）	328.26	−28.83%	461.24	22.95%

数据来源：中国证券监督管理委员会上海监管局。

截至 2022 年末，上海共有基金管理公司 64 家，占全国 141 家的 45.39%；基金管理公司分支机构 42 家，基金管理公司专业子公司 38 家；基金评价机构 3 家，独立基金销售机构 28 家，基金第三方支付机构 7 家。此外，在中国证券投资基金业协会完成登记的上海私募基金管理人共有 4 410 家，占全国的 18.6%。上海基金管理公司管理总资产规模（含公募基金、专户、年金、社保、养老金）为 11.8 万亿元（见表 2-3）。其中，公募基金资产规模为 8.9 万亿元，同比减少 1.9%；专户资产规模为 1.5 万亿元，同比增长 6.3%。基金管理公司专户子公司管理资产 7 889.4 亿元，同比减少 21.9%。证券公司资产管理规模为 2.7 万亿元（不含资产支持证券），同比减少 6.4%。期货公司资产管理规模为 802.2 亿元，同比减少 35.2%。私募基金管理人管理私募基金 4.2 万只，占全国的 28.6%；管理资产规模为 5.1 万亿元，占全国的 25.2%，均居全国首位。

表 2-3　2022 年上海基金管理公司经营情况

项目	2022 年		2021 年	
	绝对数	同比增减	绝对数	同比增减
基金公司家数（家）	64	3	61	2
全国占比（%）	45.39	—	44.53	—
基金公司资产管理总规模（亿元）	118 077.29	5.15%	112 289.99	24.22%
公募基金数量（只）	4 060	21.81%	3 333	22.22%
公募基金总份额（亿份）	85 408.92	12.29%	76 058.81	28.38%
公募基金总净值（亿元）	94 640.93	4.34%	90 707.08	28.55%
基金公司当年新发基金数（只）	609	−15.53%	721	31.81%

数据来源：中国证券监督管理委员会上海监管局。

截至 2022 年末，上海共有期货公司 36 家，占全国 150 家的 24%；期货分公司 96 家，营业部 100 家；下设 22 家风险管理子公司（均注册在上海）、3 家资管子公司。上海期货公司总资产（含客户权益）6 001.92 亿元、净资产 498.43 亿元、净资本 360.08 亿元，同比分别增长 25.55%、14.56% 和 16.63%。全年累计实现营业收入 127.4 亿元，占全国的 31.7%；净利润 36.11 亿元，同比减少 13.67%，占全国的 32.8%（见表 2–4）。

表 2–4　2022 年上海期货公司经营情况

项目	2022 年		2021 年	
	绝对数	同比增减	绝对数	同比增减
期货公司家数（家）	36	1	35	1
全国占比（%）	24.00	—	23.33	—
总资产（亿元）	6 001.92	25.55%	4 780.47	44.30%
净资产（亿元）	498.43	14.56%	435.08	22.44%
净资本（亿元）	360.08	16.63%	308.73	36.64%
客户权益（亿元）	5 387.20	27.52%	4 224.60	46.44%
净利润（亿元）	36.11	−13.67%	41.83	76.65%

数据来源：中国证券监督管理委员会上海监管局。

（三）保险业

截至 2022 年末，保险法人机构 59 家，其中保险集团 2 家、财产险公司 20 家（其中自保公司 1 家）、人身险公司 22 家、再保险公司 5 家、资产管理公司 10 家；省级保险分支机构 108 家，其中财产险分公司 53 家、人身险分公司 52 家、再保险分公司 3 家；保险专业中介法人机构 225 家，其中保险代理机构 103 家、保险经纪机构 84 家、保险公估机构 38 家；保险专业中介分支机构 278 家，其中保险代理机构 106 家、保险经纪机构 143 家、保险公估机构 29 家。

2022 年，上海保险机构资产总额 8 748.91 亿元，同比增长 5.06%。保险公司原保险保费收入 2 095.01 亿元，同比增长 6.30%。其中，财产险公司原保险保费收入 663.05 亿元，同比增长 4.85%；人身险公司原保险保费收入 1 431.96 亿元，同比增长 6.98%。全年保险赔付支出 654.55 亿元，同比下降 11.30%（见表 2–5）。其中，财产险业务原保险赔款支出 274.82 亿元，同比下降 4.10%；寿险业务原保险给付 194.64 亿元，同比下降 19.05%；健康险业务原保险赔款给付 165.91 亿元，同比下降 9.44%；意外险业务原保险赔款支出 19.18 亿元，同比下降 30.86%。

表 2–5　2022 年上海保险业运行主要数据

项目	2022 年	2021 年	2020 年	2019 年
保险公司家数（家）	167	166	165	165
保险公司总资产（亿元）	8 748.91	8 327.67	9 517.74	8 831.87

续表

项目	2022 年	2021 年	2020 年	2019 年
原保险保费收入（亿元）	2 095.01	1 970.90	1 864.99	1 720.01
其中：财产险公司（亿元）	663.05	632.41	594.35	643.39
人身险公司（亿元）	1 431.96	1 338.49	1 270.64	1 076.62
保险赔付支出（亿元）	654.55	737.95	630.70	654.90
保险密度（元／人）	8 461.6	7 917	7 499	7 084
保险深度（%）	4.69	4.56	4.82	4.51

数据来源：中国银行保险监督管理委员会上海监管局。

三、金融市场运行

（一）货币市场

2022 年，银行间人民币货币市场成交 1 527.0 万亿元，同比增长 31.2%。其中，信用拆借成交 146.8 万亿元，同比增长 23.6%；质押式回购成交 1 374.6 万亿元，同比增长 32.1%；买断式回购成交 5.6 万亿元，同比增长 17.5%（见表 2-6）。从融资结构看，大型商业银行、政策性银行和股份制商业银行分列资金净融出规模前三位，分别净融出资金 483.9 万亿元、135.2 万亿元和 118.6 万亿元；基金、证券公司和基金公司的特定客户资产管理业务位列资金净融入额前三位，分别净融入 231.4 万亿元、219.8 万亿元和 76.5 万亿元。

表 2-6　银行间人民币货币市场交易情况

单位：万亿元

品种	2022 年	2021 年	2020 年	2019 年
同业拆借	146.8	118.8	147.1	151.6
债券回购	1 380.2	1 045.2	959.8	819.6
其中：质押式回购	1 374.6	1 040.5	952.7	810.1
买断式回购	5.6	4.7	7.1	9.5
合计	1 527.0	1 164.0	1 106.9	971.2

数据来源：中国外汇交易中心。

票据承兑背书平稳增长，银票、商票有所分化。2022 年，票据市场票据背书金额 58.59 万亿元，同比增长 3.60%，增速较上年下降 16.24 个百分点。其中，银票背书 56.62 万亿元，增长 5.65%；商票背书 1.97 万亿元，下降 33.53%。票据承兑金额 27.39 万亿元，同比增长 13.40%，增速较上年提高 4.08 个百分点。其中，银票承兑金额 23.96 万亿元，增长 17.72%；商票承兑金额 3.43 万亿元，下降 9.72%。截至 2022 年末，票据承兑余额 17.38 万亿元，同比增长 16.02%，增速较上年提高 9.74 个百分点。其中，银票承兑余额 15.42 万亿元，增长 20.31%；商票承兑余额 1.96 万亿元，下降 9.34%。社会融资口径的票据承兑余额占社会融资规模存量的比重为 4.49%，较上年末提高 0.4 个百分点。

票据贴现显著增加，融资利率进一步下降。2022 年，票据市场票据贴现金额 19.46 万亿元，同比增长 29.62%，增速较上年提高 17.69 个百分点。其中，银票贴现金额 18.18 万亿元，增长 31.81%；商票贴现金额 1.28 万亿元，增长 4.81%。截至 2022 年末，票据贴现余额 12.81 万亿元，同比增长 29.70%，增速较上年提高 17.15 个百分点。其中，银票贴现余额 11.93 万亿元，增长 31.84%；商票贴现余额 0.88 万亿元，增长 6.26%。票据融资占企（事）业单位人民币贷款余额的比重达到 9.31%，较上年末提高 1.13 个百分点。2022 年，全市场贴现加权平均利率为 1.94%，较上年下降 91 个基点，较 1 年期的 LPR 均值低 173 个基点。其中，银票贴现利率为 1.82%，下降 91 个基点；商票贴现利率为 3.71%，下降 49 个基点。

票据交易保持活跃，主体集中度较高。2022 年，票据市场转贴现交易金额 58.20 万亿元，同比增长 24.01%，增速较上年提高 17.60 个百分点。其中，银票转贴现 53.04 万亿元，增长 26.08%；商票转贴现 5.16 万亿元，增长 6.10%。全市场票据回购交易金额合计 29.90 万亿元，同比增长 30.14%，增速较上年提高 15.16 个百分点。其中，质押式回购交易 27.77 万亿元，增长 27.97%；买断式回购

交易 2.13 万亿元，增长 66.98%。截至 2022 年末，超过 2 000 家市场主体参与票据交易。从交易量占比看，国有商业银行、股份制商业银行、城市商业银行仍是主要的市场参与者，三者交易量合计占比达 78.44%，较上年高 1.76 个百分点。

（二）债券市场

2022 年，银行间债券市场成交 287.3 万亿元，同比增长 28.0%，其中债券借贷成交 16.1 万亿元。现券成交券面总额 268.9 万亿元。分券种看，政策性金融债、国债和中期票据成交最为活跃。从待偿期来看，现券成交集中在 5 年期以下（包括 5 年），共成交 164.0 万亿元，占全部现券交易的 61.0%。

2022 年，境外机构在现券市场累计净买入 182.7 亿元，较上年净买入 1.3 万亿元明显减少。截至 2022 年末，境外机构在银行间债券市场的托管余额为 3.4 万亿元，占我国银行间债券市场托管余额的 2.7%。

债券托管量平稳增长。2022 年末，债券市场托管债券[①] 133.07 万亿元。其中，中央结算公司托管债券 96.47 万亿元，同比增长 10.63%（见图 2-11）；上清所托管债券 17.1 万亿元，交易所市场托管债券 19.5 万亿元。

图 2-11 中央结算公司债券托管量变化趋势

（数据来源：中央结算公司）

---

① 不含同业存单。

债券发行量较快增长。2022 年，债券市场共发行债券 41.4 万亿元[①]。其中，中央结算公司登记发行债券 25.01 万亿元，同比增长 9.50%，保持较快水平增长（见图 2-12）。

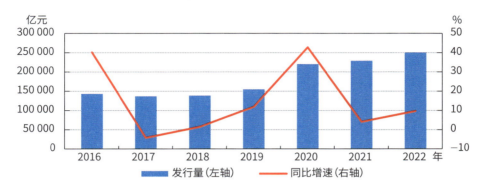

图 2-12 中央结算公司债券发行量变化趋势

(数据来源：中央结算公司)

各券种发行增速分化。在中央结算公司发行的债券中，国债、地方政府债、政策性银行债、商业银行债是 2022 年发行量最大的四类券种，占比分别为 39%、29%、21% 和 7%，合计达 96%（见图 2-13）。其中，国债发行 9.63 万亿元，同比增长 44.29%；地方政府债发行 7.36 万亿元，同比下降 1.70%；政策性银行债发行 5.28 万亿元，同比增长 4.95%；商业

银行债发行 1.69 万亿元，同比下降 14.28%。

其他券种发行占比较小，发行增速出现分化。政府支持机构债发行 0.28 万亿元，同比增长 45.26%，增速较上年提高 35 个百分点。企业债发行 0.37 万亿元，同比下降 15.90%。信贷资产支持证券发行 0.36 万亿元，同比下降 59.65%。

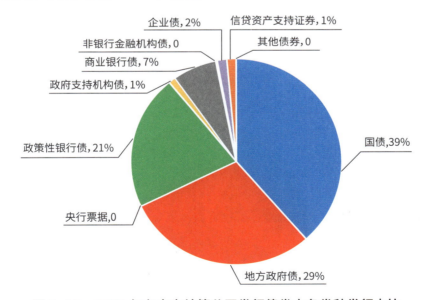

图 2-13 2022 年在中央结算公司发行债券中各券种发行占比

(数据来源：中央结算公司)

---

① 不含同业存单。

交易结算量持续增长。2022 年，债券结算量持续增长，全年现券结算量为 309.3 万亿元，回购结算量为 1 783.8 万亿元。以中央结算公司为例，全年债券结算量为 1 341.72 万亿元，同比增长 28.58%（见图 2-14）。其中，现券结算量为 179.44 万亿元，同比增长 26.84%；回购结算量为 1 146.57 万亿元，同比增长 28.51%；债券借贷结算量为 15.72 万亿元，同比增长 60.38%。

图 2-14　中央结算公司交易结算量变化趋势

（数据来源：中央结算公司）

投资者结构总体稳定。中央结算公司银行间债券市场投资者以存款类金融机构和非法人类产品为主。截至 2022 年末，存款类金融机构和非法人类产品持债规模排名前两位，持债规模分别为 63.7 万亿元和 16.6 万亿元，占比分别为 68.9% 和 18.0%（见图 2-15），较 2020 年末分别上升 2.5 个和下降 1.2 个百分点。存款类金融机构持有比重最大的券种为地方政府债，非法人类产品持有比重最大的券种为政策性银行债。

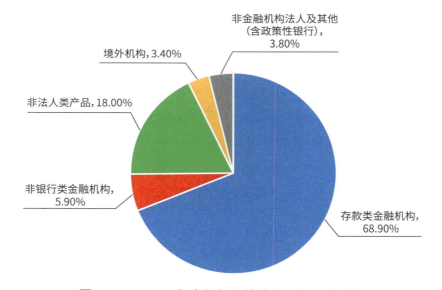

图 2-15　2022 年末银行间债券市场投资者结构

（数据来源：中央结算公司）

截至 2022 年底，共有 1 071 家境外机构主体进入银行间债券市场，较上年末增加 55 家。其中，526 家通过直接投资渠道入市，784 家通过"债券通"渠道入市，239 家同时通过两个渠道入市。境外机构在中国债券市场的托管余额为 3.5 万亿元，占中国债券市场托管余额的 2.4%。其中，境外机构在银行间债券市场的托管余额为 3.4 万亿元。作为银行间债券市场的主流入市渠道，中央结算公司托管的境外投资者债券规模中，直接投资渠道托管余额占比达 81.13%，较上年末上升了 6.09 个百分点，表现出境外央行类机构对中国债券市场的长期看好。

上海证券交易所（以下简称上交所）债券市场规模稳步扩大，有效提升服务实体经济能力。截至 2022 年末，上交所债券现货挂牌数 2.68 万只；债券托管量 15.94 万亿元，同比增长 4.7%。2022 年，上交所债券筹资总额 4.5 万亿元，其中，政府债筹资 1 847 亿元，公司债筹资 32 282 亿元，资产支持证券筹资 9 160 亿元。基础设施公募 REITs 募集资金 342.31 亿元。债券累计成交（包括回购）380.3 万亿元，日均成交 1.6 万亿元，同比增长 14.9%。2022 年上交所现券成交总额为 21.83 万亿元，同比增长 28.7%。其中，可转债交易规模同比增长 27.6%，成交量占上交所整体现券成交总额的 32.7%。公募公司债、私募公司债和资产支持证券交易金额分别为 5.68 万亿元、6.50 万亿元和 5 529 亿元，同比分别增长 11.4%、51.6% 和 15.0%。

2022 年，上交所债券市场共发行绿色债券 752 亿元（包括碳中和绿色债券 241 亿元），绿色资产支持证券 673.23 亿元，低碳转型债券、低碳转型挂钩债券 239 亿元。绿色债券和绿色资产支持证券合计规模 1 425.23 亿元，较上年增长 19.25%。上交所创新券种发行量增长明显，绿色公司债券、创新创业公司债券、"一带一路"债券发行规模分别为 752 亿元、1 129 亿元和 85 亿元，分别较上年增长 9%、360% 和 1 114%。

（三）股票市场

股票总市值与成交量有所下降。截至 2022 年末，上海证券市场共有上市公司 2 174 家，其中，主板公司 1 673 家、科创板公司 501 家。股票数 2 213 只（包括 A 股、B 股和 CDR）。股票总市值 46.38 万亿元，同比下降 11%，其中，主板市值 40.56 万亿元，科创板市值 5.82 万亿元。上市公司总股本 4.8 万亿股，流通股 4.2 万亿股。2022 年，上海证券市场股票现货全年累计成交 96.3 万亿元（日均成交 3 977.51 亿元），同比下降 15.6%。全年主板成交 84.3 万亿元，科创板成交 12.0 万亿元。

融资结构继续优化。2022 年，股票筹资总额 8 477.18 亿元，同比增长 1.7%，其中，主板筹资 5 345.18 亿元、科创板筹资 3 132.0 亿元。

截至 2022 年末，沪市共挂牌 ETF 469 只，规模合计 12 429 亿元，全年成交额 18.70 万亿元。沪市 ETF 成交额、规模分别位居亚洲第一和第二，投资者参与度保持高速增长。权益类 ETF（包括股票 ETF 和跨境 ETF）整体交易活跃，年成交金额达 8.80 万亿元，约占沪市 A 股总成交额的 9.15%。债券 ETF 成交显著增长，达到 2021 年成交额的 10.43 倍。沪市 ETF 投资者的持有意愿持续增强。从一级市场来看，沪市 ETF 总体呈现净流入态势，全年净申购金额为 2 317.95 亿元，同比增长 77.76%。从投资者数量上看，沪市 ETF 市场年末持有账户数 601 万户，同比增长 10.28%。

REITs 市场稳步增长。上交所持续推进基础设施公募REITs配套规则体系的完善工作。2022 年 5 月 31 日，上交所发布《上海证券交易所公开募集基础设施证券投资基金（REITs）规则适用指引第 3 号——新购入基础设施项目（试行）》，规范基础设施 REITs 新购入基础设施项目及扩募发售等行为。7 月 15 日，上交所发布并施行《上海证券交易所公开募集基础设施证券投资基金（REITs）规则适用指引第 4 号——保障性租赁住房（试行）》，对保障性租赁住房试点发行 REITs 进行规范和引导。8 月 31 日，中金厦门安居 REIT、华夏北京保障房 REIT 作为首批保障性租赁住房 REITs 试点项目正式在上交所上市，是中国公募 REITs 覆盖资产领域的进一步扩容。2022 年，沪市 REITs 产品成交 403.26 亿元，同比增长 236.77%；年末市值 585.2 亿元，同比增长 133.9%。

上海证券市场概况见表 2-7。

表 2-7　上海证券市场概况

市场概况	2022 年	2021 年	2020 年
上市证券（年末）			
上市公司数（家）	2 174	2 037	1 800
上市证券数（只）	30 110	26 989	22 922
上市股票数（只）	2 213	2 079	1 843
新上市公司数（家）	155	250	233
发行股本（亿股）	47 669.61	46 237.02	42 600.52
非限售股股本（亿股）	42 243.38	40 422.36	37 501.48
市价总值（亿元）	463 786.76	519 698.34	455 321.59
流通市值（亿元）	398 185.34	435 466.31	380 012.99
筹资金额			
市场合计筹资（亿元）	51 180.60	58 717.21	57 272.79
股票（亿元）	8 477.18	8 335.93	8 981.73
优先股（亿元）	0.00	0.00	170.00
公司债融资（亿元）	32 282.47	37 917.49	36 298.79
可转债（亿元）	1 601.51	1 728.64	1 443.81
资产支持证券融资（亿元）	9 160.00	11 426.51	10 964.11
公募 REITs（亿元）	342.31	199.12	—
交易概况			
交易天数（天）	242	243	243
成交金额			
合计（亿元）	4 960 853.09	4 611 280.67	3 667 030.14
股票（亿元）	962 556.27	1 140 006.46	839 860.87
基金（亿元）	187 763.37	153 405.83	107 526.85
债券（亿元）	218 268.79	169 107.13	114 502.25

续表

市场概况	2022 年	2021 年	2020 年
优先股（亿元）	838.05	2 529.74	1 101.02
期权（亿元）	6 475.22	8 233.28	7 167.08
回购（亿元）	3 584 951.41	3 137 998.21	2 596 872.07
其他（亿元）	0.00	0.00	0.00
日均成交金额（亿元）	20 499.39	18 976.46	15 090.66
日均股票成交金额（亿元）	3 977.51	4 691.38	3 456.22
全年股票成交数量（亿股）	80 457.78	86 295.55	68 360.89
日均股票成交数量（亿股）	332.47	355.13	281.32
全年股票成交笔数（万笔）	810 868.96	698 436.29	460 367.36
日均股票成交笔数（万笔）	3 350.70	2 874.22	1 894.52

数据来源：上交所。

（四）外汇市场

截至 2022 年末，人民币对美元汇率中间价为 6.964 6，较上年末贬值 8.5%，贬值幅度在全球主要货币中排名居中，相对英镑、日元等国际主要发达国家货币和部分新兴市场货币对美元汇率表现更强（见图 2-16）；CFETS、参考 BIS、参考 SDR 三大人民币汇率指数分别报 98.67、103.67 和 96.08，较上年末分别贬值 3.7%、2.8% 和 4.2%，表明人民币对一篮子货币汇率表现较为稳定。

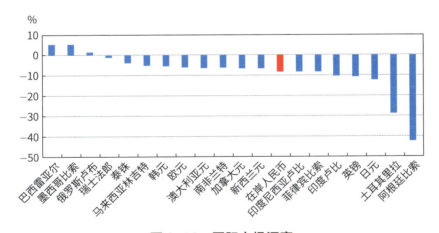

图 2-16　国际市场汇率

（数据来源：中国外汇交易中心）

2022 年，银行间外汇现货及衍生品市场成交总量折合人民币 273.2 万亿元，同比下降 7.2%。其中，外汇即期市场成交 58.2 万亿元，同比下降 12.5%；外币货币市场成交 69.7 万亿元，同比下降 15.1%；外汇衍生品市场成交 145.2 万亿元，与上年基本持平。

（五）黄金市场

2022 年，上海黄金交易所总交易金额 17.04 万亿元。主要交易方式上，竞价业务成交金额 5.30 万亿元，询价业务成交金额 11.11 万亿元。交易品种上，黄金成交金额 15.18 万亿元，成交量 3.88 万吨；白银成交金额 1.83 万亿元，成交量 38.32 万吨；铂金成交金额 261.31 亿元，成交量 124.37 吨。黄金、白银和铂金成交额占比分别为 89.11%、10.74% 和 0.15%，其中黄金占比较 2021 年提高 25.38 个百分点。

机构业务市场占比不断增加，市场结构趋于平稳。黄金交易规模有所增长，全年黄金成交量 3.88 万吨，同比增长 11.31%；成交金额 15.18 万亿元，同比增长 16.04%。黄金询价和定价交易总体呈现恢复性增长：黄金询价业务成交量 2.83 万吨，同比增长 33.42%，

成交金额 11.08 万亿元，同比增长 39.01%；黄金定价业务成交量 1 453.63 吨，同比增长 22.74%，成交金额 5 688.44 亿元，同比增长 28.28%。

（六）期货市场

1. 商品期货市场

2022 年，上海商品期货市场成交期货期权合约 19.43 亿手，成交金额 181.30 万亿元，同比分别下降 20.54% 和 15.51%，占中国商品期货市场的比重分别为 28.72% 和 33.89%（见图 2-17）。

图 2-17　2002—2022 年上海商品期货市场成交量与成交额

（数据来源：中国期货业协会）

2022 年，上海商品期货市场继续在全球期货市场中占重要地位。根据期货业协会（Futures Industry Association，FIA）统计的全年成交量数据，上海期货交易所（以下简称上期所）排全球第 12 名。若仅统计 2022 年场内商品衍生品的成交手数，上期所排全球第 3 名。

2022 年上海商品期货市场交易情况见表 2-8。

表 2-8　2022 年上海商品期货市场交易情况

分类	品种	2022 年累计成交总量（手）	同比增减（%）	占全国份额（%）	2022 年累计成交总额（亿元）	同比增减（%）	占全国份额（%）
有色金属	铜	46 496 614	−27.47	0.69	152 554.84	−30.57	2.85
	铜（BC）	5 551 326	14.86	0.08	16 370.11	10.77	0.31
	铜期权	12 114 450	35.57	0.18	327.38	10.73	0.01
	铝	99 975 095	−23.95	1.48	100 325.45	−21.53	1.88
	铝期权	11 396 512	49.77	0.17	108.04	13.69	0.00
	锌	68 330 390	−1.46	1.01	84 663.96	8.20	1.58
	锌期权	8 314 412	89.17	0.12	99.87	72.74	0.00
	铅	20 057 840	−20.63	0.30	15 359.54	−20.82	0.29
	锡	29 708 330	9.98	0.44	66 911.28	13.06	1.25
	镍	52 088 887	−69.74	0.77	96 996.98	−58.61	1.81
贵金属	黄金	39 016 784	−14.08	0.58	153 481.54	−10.16	2.87
	黄金期权	4 147 082	32.23	0.06	142.86	11.21	0.00
	白银	188 771 497	−18.44	2.79	135 170.70	−26.87	2.53
	白银期权	77 927	0.00		1.24		0.00
黑色金属	螺纹钢	525 178 157	−19.94	7.76	220 800.22	−31.53	4.13
	螺纹钢期权	245 678		0.00	2.07		0.00
	线材	16 162	−17.27	0.00	7.88	−24.59	0.00
	热轧卷板	142 061 100	−35.64	2.10	61 811.81	−46.31	1.16
	不锈钢	36 099 784	−10.79	0.53	3 1848.11	−6.31	0.60
能源化工	原油	53 580 837	25.64	0.79	349 099.89	88.74	6.53
	原油期权	6 600 819	322.45	0.10	635.91	504.40	0.01
	低硫燃料油	40 841 640	119.64	0.60	19 973.45	218.55	0.37
	燃料油	210 455 099	−24.02	3.11	68 633.99	−2.59	1.28
	石油沥青	162 578 252	15.74	2.40	63 751.71	47.06	1.19
	天然橡胶	79 639 372	−34.51	1.18	104 382.94	−40.08	1.95
	天胶期权	5 350 419	12.16	0.08	111.31	−40.99	0.00
	20 号胶	13 591 734	78.90	0.20	14 365.44	67.27	0.27
	纸浆	81 158 408	−31.93	1.20	55 101.05	−27.78	1.03
合计		1 943 444 607	−20.54	28.72%	1 813 039.56	−15.51	33.89

数据来源：中国期货业协会。

注：原油期货和期权以及铜（BC）、低硫燃料油、20 号胶期货在上期所子公司上海国际能源交易中心挂牌交易。

2. 金融期货市场

2022 年，金融期货市场累计成交量 1.52 亿手，占全国期货市场成交量的 2.24%，成交量同比增长 24.44%；全年累计成交额 133.04 万亿元，占全国期货市场成交额的 24.87%，成交额同比增长 12.58%。

2022 年，沪深 300、上证 50、中证 500、中证 1000 四个股指期货产品总成交量 7 449.37 万手，同比增长 11.62%；总成交金额 86.36 万亿元，同比减少 4.48%；日均成交量 30.78 万手，同比增长 12.08%；日均持仓量 67.92 万手，同比增长 23.72%；日均成交持仓比为 0.45（见图 2−18 和图 2−19）。股指期货四个产品期现货价格相关性高，沪深 300、上证 50、中证 500、中证 1000 股指期货主力合约收盘价和对应标的指数收盘价的价格相关系数分别为 99.84%、99.87%、99.30% 和 99.49%。

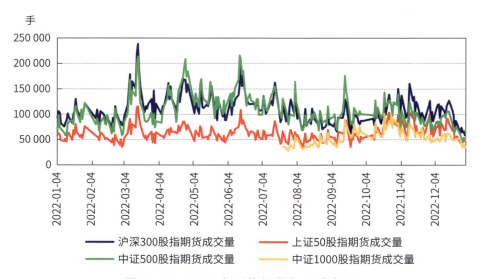

图 2−18　2022 年股指期货每日成交量

（数据来源：中国金融期货交易所）

图 2−19　2022 年股指期货每日持仓量

（数据来源：中国金融期货交易所）

2022 年，2 年期、5 年期和 10 年期三个国债期货产品总成交量 3 881.65 万手，总成交金额 46.42 万亿元，同比分别增长 54.94%、68.71%；日均成交量、日均持仓量分别为 16.04 万手、35.52 万手，同比分别增长 55.58%、44.39%；日均成交持仓比为 0.45

（见图 2-20 和图 2-21）。国债期现货价格联动紧密，2 年期、5 年期、10 年期国债期货主力合约与现货价格相关性分别达到 98%、

99% 和 95% 以上。全年国债期货顺利完成 12 个合约的交割，共计交割 21 689 手，平均交割率为 3.51%，交割平稳顺畅。

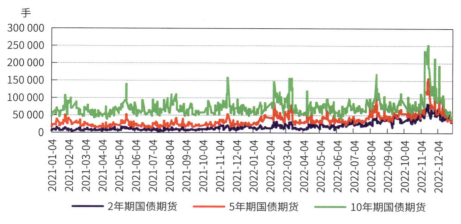

图 2-20　2021—2022 年国债期货每日成交量

（数据来源：中国金融期货交易所）

图 2-21　2021—2022 年国债期货每日持仓量

（数据来源：中国金融期货交易所）

2022 年，沪深 300、上证 50、中证 1000 三个股指期权产品总成交量 3 855.16 万手，累计成交面值 17.69 万亿元，日均成交面值 731.10 亿元，权利金总成交金额 2 643.31 亿元；日均成交量、日均持仓量分别为 15.93 万手和 21.09 万手；日均成交持仓比为 0.76（见图 2-22 和图 2-23）。股指期权产品期

现货价格相关性高，沪深 300、上证 50、中证 1000 股指期权当月平值合约合成期货价格与对应标的指数收盘价的价格相关系数分别为 99.91%、98.93% 和 99.66%，与对应股指期货当月合约收盘价的价格相关系数分别为 99.99%、99.32% 和 99.99%。

图 2-22 2022 年股指期权每日成交量

(数据来源：中国金融期货交易所)

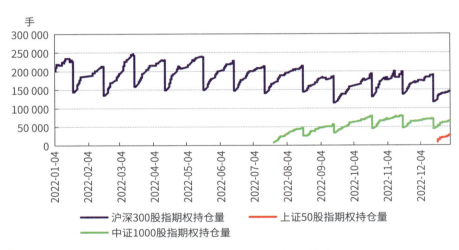

图 2-23 2022 年股指期权每日持仓量

(数据来源：中国金融期货交易所)

（七）金融衍生品市场

2022 年，银行间利率衍生品成交 21.3 万亿元，同比微降 0.9%。其中，利率互换共成交 24.4 万笔，同比减少 3.4%，名义本金总额 21.0 万亿元，同比减少 0.9%；债券远期（含标准债券远期）共成交 2 600.1 亿元。利率互换参考利率以 FR007 和 Shibor 为主。以 FR007 和 Shibor 为标的的利率互换交易量合计占比达 99.2%，其中，以 FR007 为标的的利率互换成交 18.8 万亿元，占交易总量的

89.4%。从期限结构看，1 年及 1 年以下期限品种共成交 14.2 万亿元，占总量的 67.8%；1 ～ 5 年（含 5 年）期限品种共成交 6.7 万亿元，占总量的 32.1%。

2022 年，上交所股票期权市场总体运行平稳，年底三个股票期权交易品种总持仓量 330.92 万张。全年 ETF 期权合约累计成交 10.75 亿张，其中，认购期权 5.53 亿张、认沽期权 5.22 亿张，日均成交 444.24 万张，日均持仓 494.45 万张。累计成交面值 38.29 万亿

元，日均成交面值 1 581.75 亿元；累计权利金成交 6 475.22 亿元，日均权利金成交 26.76 亿元。上证 50ETF 期权、沪深 300ETF 期权和中证 500ETF 期权已成为全球主要的 ETF 期权品种。随着上交所期权市场规模稳步扩大，越来越多的投资者使用期权进行保险和增强收益，保险和增强收益的交易占比分别达到 9.17% 和 54.12%。2022 年，市场日均受保市值 261.95 亿元，单日受保市值最高达到 387.98 亿元。

（八）清算市场

2022 年，上海清算所清算业务总规模为 552.6 万亿元，同比增长 27.6%（见图 2-24）。登记债券发行 31.3 万亿元，同比下降 2.8%。年末债券托管余额 31.3 万亿元，同比增长 7.8%；发行人账户 7 449 个、投资者账户 34 535 个，同比分别增长 4.6% 和 9.5%。

清算业务持续增长。2022 年，上海清算所中央对手清算业务规模为 150.7 万亿元，同比增长 0.5%；其他集中清算业务规模为 401.9 万亿元，同比增长 42%（见表 2-9）。

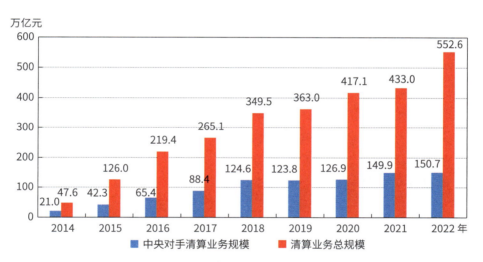

图 2-24　2014—2022 年上海清算所清算业务发展概况

（数据来源：上海清算所）

表 2-9　2022 年上海清算所清算业务量

单位：亿元、%

业务类别		2022 年	2021 年	同比增速
中央对手清算	债券	35 974.26	37 638.73	-4.4
	外汇	1 260 627.23	1 249 576.81	0.9
	利率衍生品	210 291.24	211 448.45	-0.5
	信用衍生品	1.15	4.20	-72.6
	大宗商品衍生品	143.76	261.90	-45.1
	合计	1 507 037.64	1 498 930.09	0.5

续表

业务类别		2022 年	2021 年	同比增速
其他集 中清算	债券	3 991 632.88	2 811 256.05	42.0
	外汇	21 417.10	17 063.21	25.5
	信用衍生品	225.23	63.81	253.0
	大宗商品现货	5 417.49	2 395.97	126.1
	合计	4 018 692.69	2 830 779.04	42.0
清算业务总规模		5 525 730.33	4 329 709.12	27.6

数据来源：上海清算所。

登记托管业务平稳增长。2022 年，上海清算所服务各类债券发行登记 3.6 万只，面额 31.3 万亿元，同比分别下降 12.2% 和 2.8%。发行规模占全市场债券发行总量的 50.4%，占银行间市场发行总量的 55.6%。截至 2022 年末，上海清算所托管各类债券 3.1 万只，托管余额 31.3 万亿元，同比分别下降 2.5% 和增长 7.8%，托管余额占全市场债券托管总量的 21.7%，占银行间市场托管总量的 24.5%（见图 2-25）。上海清算所托管债券中，托管余额规模较大的主要是同业存单、中期票据和非公开定向债务融资工具，托管余额分别为 14.1 万亿元、8.9 万亿元和 2.4 万亿元，占比分别为 45.2%、28.3% 和 7.6%。全年上海清算所为 189 只信用风险缓释工具提供创设登记服务，名义本金合计 292.8 亿元，同比下降 2%。截至 2022 年末，上海清算所托管信用风险缓释工具 249 只，名义本金合计 468.6 亿元，同比增长 26%。

图 2-25　2014—2022 年上海清算所登记托管业务发展概况

（数据来源：上海清算所）

截至 2022 年末，上海清算所清算会员 93 家，其中，综合清算会员 12 家、普通清算会员 81 家。债券发行人账户 7 449 个，债券投资者账户 3.5 万个，同比分别增长 4.6% 和 9.5%（见图 2-26）。债券投资者账户主要包括非法人类产品 3.0 万个、存款类金融机构 2 296 个、境外投资者（含产品户）1 307 个、非银金融机构 664 个。

图 2-26　2014—2022 年上海清算所发行人账户和投资者账户发展概况

(数据来源：上海清算所)

（九）银行卡

银行卡交易规模增速继续回升，交易渠道进一步向线上迁移。截至 2022 年末，全国共开立银行卡 94.78 亿张，同比增长 2.5%（见图 2-27）。其中，借记卡 86.8 亿张，同比增长 2.76%；信用卡 7.98 亿张，同比下降 0.28%。银联银行卡交易清算网络已延伸至全球 180 多个国家和地区，进一步巩固上海作为国内银行卡产业资源聚集高地和支付创新中心的地位。2022 年，银联网络处理的总体交易笔数和金额分别为 2 765.5 亿笔和 259.6 万亿元，同比分别增长 20.0% 和 9.8%。受益于线上交易等非接触支付方式的进一步普及，银行卡

跨行交易规模仍较 2021 年有所提升。此外，银联在上海的转接清算系统汇集并处理全球银联卡跨行交易，以及众多支付机构"断直连"交易，系统处理能力、安全性、兼容性、稳定性不断提升，核心系统处理能力达到全球领先水平。作为银联总部所在地，上海地区 2022 年实现的银联网络清算交易达 11.8 亿笔和 21.1 万亿元，同比分别下降 5.6% 和增长 42.4%，笔数增速受疫情影响有所下降，金额增速高于全国水平。2022 年上海地区累计发卡总数达 2.97 亿张，同比增长 4.5%，其中信用卡累计发卡量超 6 868 万张，占全市银行卡总量的 23.1%，占比远超全国平均水平。

图 2-27　2012—2022 年国内银行卡在用发卡量及增速

(数据来源：中国人民银行 2012—2022 年支付体系运行总体情况)

银行卡受理环境不断完善,持续提升支付便民惠民服务水平。截至 2022 年末,银联跨行支付系统联网特约商户达 2 722.85 万户,较上年减少 2.7%;联网 POS 机具 3 556.07 万台,较上年减少 8.7%;ATM 机具 89.59 万台,较上年减少 5.48%。联网商户及机具数量有所减少,与疫情影响下部分小微商户停业、监管强化对支付终端相关业务的治理有关,同时国内银行卡受理环境呈现出互联互通、融合发展的趋势。2022 年,银联继续深入践行"支付为民"理念,以云闪付 App 为抓手,完善产品功能及服务场景,不断提升支付便民惠民服务水平。上海地区银行卡受理环境方面,截至 2022 年末,全市银行卡月均活动受理商户达 37.91 万户,其中非小微月均活动受理商户 19.1 万户。银联联合各商业银行、非银行支付机构、服务商等合作伙伴,推进上海银行卡产业创新、普惠金融和便民服务,在聚焦超市便利、百货、餐饮、旅游、出行等日常消费重点领域的基础上,推进更广泛的日常生产生活场景支付环境建设,全面展现上海便民支付场景建设成果。

四、金融创新和对外开放

(一)金融业的金融创新和对外开放

1. 银行业保险业

银行业发力科创金融,助力科创中心建设。2022 年,上海银行业多措并举,通过投贷联动、全周期金融服务、知识产权质押贷款等方式,精准高效服务和助力科创企业发展,为上海科创中心建设贡献金融力量。一是投贷联动赋能科创发展。工商银行上海市分行聚焦上海市"3+6"重点产业体系以及"专精特新"重点科创客群,不断创新服务及产品:

科创企业研发贷,3 ~ 5 年的贷款期限有效解决研发企业中长期的资金需求,累计投放金额近百亿元;知识产权质押融资,2022 年发放知识产权质押贷款近 13 亿元;"春苗行动计划",通过优惠政策、规模保证、绿色通道等加大对"专精特新"企业融资支持,"专精特新"企业贷款规模已近 200 亿元;"科普贷"专项产品,帮助创业团队解决早期"吸纳投资"与"股权稀释"的两难问题。二是跨越时间周期提高效率。浦发银行推出针对"专精特新"企业及高新技术企业的在线融资产品——科创快贷,该产品重点聚焦科创企业经营特点,量身定制为其解决急迫、小额、高频的融资需求。上海农商银行形成"科技金融 + 投行金融"双轮驱动,梯度化、广覆盖的产品组合,为不同阶段、不同需求的企业提供精准服务,包括针对创业孵化期企业的"专精特新"中小企业贷、科创助力贷,为成长发展期企业推出"千家百亿融资计划""浦江之光"专项方案,为快速扩张期企业推出"引航贷"、科创票据等多类特色产品。农业银行上海市分行坚持创新引领,先后研发"科易贷"、专精特新"小巨人"贷、科创助力贷、科创企业投联贷等创新信贷产品,并针对各类科创企业提供差异化的支持政策,配套并购融资、债转股、债券承销、上市顾问等资本市场服务,建立多品种、全周期、综合化的营销服务体系。三是探索知识产权质押融资。兴业银行上海分行在科创企业知识产权金融服务中形成"政银配合、数字赋能、绿色审批、线上操作"的一站式服务特色,其知识产权质押贷款从客户对接端开始运用数字赋能,应用"兴业普惠"等公众号、每个客户经理配置专属二维码等多种形式便利客户,客户贷款申请、贷款审批通过线上操作。该行还主动为企业办理知识产权质押的线上登记备案，帮助企业减时间、少跑腿，力争在1个工作日内完成电子化登记。此外，上海银行在构建金融科技生态圈上下功夫，推出创新孵化平台"火花"，联合华东师范大学长三角金融科技研究院、上海金融科技产业联盟等政研企机构共同打造金融科技创新合作圈。浙商银行积极引导市场资金科创化，探索出"科创票据＋信用风险缓释凭证"的特色业务模式。

保险业支持科技创新。截至2022年末，首台（套）重大技术装备保险共累计完成176个重点创新项目承保，涵盖ARJ21飞机、船舶制造、智能发电设备、工程设备等重点领域，累计提供风险保障688亿元。在沪保险机构继续扎实推进面向科技型中小微企业的"科技贷""微贷通"等贷款履约保证保险项目，累计服务科技型中小微企业3 578家次，支持贷款金额142亿元。生物医药责任保险服务本土药企843家次，提供风险保障56亿元。专利保险支持上海科创企业创新发展，2022年为上海科技型中小微企业承保专利数量3 147件，服务制造业、信息技术及医药等科技型中小微企业383家次，提供风险保障2.28亿元。通过专利质押融资保证保险的风险共担机制，加强科技企业知识产权专利质押融资能力，服务科技型中小企业9家次，提供2 435万元贷款支持。

探索保险数字化转型。上海保险业立足回归本源，把服务实体经济、服务人民群众作为数字化转型的出发点和落脚点，保险产品创新在金融数字化转型方面发挥了重要作用。中国太保联合交通银行苏州分行推出全国首个数字货币账户资金损失保险产品，并于2022年11月30日签发首张保单。根据该保险产品方案，在保障期内，如发生个人数字人民币钱包资金被盗、密码失窃等情形而导致资金损失时，可获得保险理赔。2022年12月18日，上海市保险同业公会开发的线上便捷处理交通事故工具"快处易赔"正式接入"随申办"小程序，成为政府公共服务项目。"快处易赔"以高效便捷为原则，创新运用"互联网＋"思维，通过跨部门信息共享、科技赋能、简化事故现场处理、提升保险理赔服务等多种手段，实现交通事故"拍照取证、协商定责、信息共享、一键报案、线上理赔"快速处理，搭建365天×24小时全天候电子化道路交通事故处理平台。2022年12月30日，上海保险码平台正式上线。上海保险码平台有效整合金融监管、政府部门、保险机构、要素市场等各方资源，形成保单查询、在线投保、理赔申请、保全批改等功能的统一服务入口，通过集中运营管理，有效提升普惠保险服务效率，努力成为覆盖老百姓、实体企业各类普惠性风险保障需求的"暖心平台"。

保险业服务国家重大战略取得新进展。一是为长三角区域保险一体化建设加动能。2022年11月8日，上海8家车险经营公司（人保财险、太保产险、平安产险、国寿财险、太平财险、大地保险、阳光产险、中华财险）与浙江交通投资集团高速公路管理部签订《浙江高速公路路产直赔协议》，对在沪承保出行至浙江省高速路段发生路产损失的事故车辆提供更为高效、便捷的保险理赔服务，提升城际交通事故理赔效率，优化客户保险理赔服务体验。二是支持"一带一路"重大项目建设。2022年6月，中国信保承保的上海电力股份有限公司投资土耳其胡努特鲁电厂项目1号机组首次并网一次成功，迈出从工程建设到投产发电的关键一步。胡努特鲁项目是第二届"一带一路"高峰论坛清单项目，也是中资企业在土耳其最大的能源投资项目，是中国"一带一路"倡议和土耳其"中间走廊"计划相结合的典范。三是为服务浦东引领区贸易便利化添保障。2022 年 11 月 30 日,中国信保上海分公司发布支持浦东贸易便利化工作举措,推出建立贸易便利化长效机制、发挥国家信用赋能作用、提升产业链供应链韧性和安全水平、联合搭建海外投资风险管理体系、大力支持外贸新业态新模式和先进制造业发展、构建浦东特色绿色金融和普惠金融服务体系、以数字信保更好服务数字浦东建设、强化资信服务等一系列支持措施。

推动国际金融中心功能升级。一是有序引导专营机构在沪开业,辐射效能持续显现。2022 年,共有 8 家持牌专营机构在沪开业,其中包括农业银行资金中心、广发银行资金中心、建设银行贵金属部等在行业内有较大影响力的总行级专营机构。金融机构类型不断丰富,进一步凸显了上海作为国际金融中心和全球资管中心的辐射效能。二是优质资管机构加速在沪聚集,推动金融对外开放。2022 年,外资控股的施罗德交银理财公司和高盛工银理财公司相继在沪开业,法巴农银理财公司也获批在沪筹建,加上此前开业的汇华理财公司和贝莱德建信理财公司,国内 5 家由海外知名金融机构和国内大型银行设立

的合资理财公司全部落户上海。截至 2022 年末,各合资理财公司存续理财产品共计 215 只,管理资产规模 759 亿元。同时,兴业银行私人银行部和恒丰银行私人银行部陆续在沪开业,在沪 5 家私人银行部管理的客户金融资产合计达 6.09 万亿元,同比增长 12.37%。优质资管机构不断落地上海,进一步提升上海资管国际化水平,为上海国际金融中心和全球资管中心建设添彩助力。三是推动更多优质中外资金融机构落户上海,助力国内国际"双循环"和"一带一路"建设。上海共有外资银行保险法人机构超过 50 家,外资省级分支机构超过 100 家。截至 2022 年末,共有来自 29 个国家和地区的外资银行分行 64 家,其中,共有来自 13 个"一带一路"共建国家和地区的 13 家外资银行分行和 6 家外资银行代表处。四是支持中小银行多渠道补充资本。富邦华一银行作为首家外资法人银行获批发行永续债和二级资本债务工具。华侨永亨银行(中国)、大华银行(中国)、南洋商业银行(中国)在银行间债券市场发行金融债,其中华侨永亨银行(中国)在银行间债券市场发行外资银行在境内市场的首单绿色金融债券。

专栏 1   上海临港新片区启动科技保险创新引领区建设

2022 年 7 月 21 日,银保监会与上海市人民政府联合发布《中国(上海)自由贸易试验区临港新片区科技保险创新引领区工作方案》(以下简称《工作方案》)。《工作方案》围绕为重点产业提供特色科技保险支持、推动科技保险市场更高水平开放、保险与科技双向赋能、实施科技保险创新人才工程等具体内容共制定 25 条政策。临港新片区举办金融业全面支持科技企业创新发展大会,启动科技保险创新引领区建设,并成立临港新片区科技金融联盟。上海银保监局[①]积极贯彻落实《工作方案》。

[①] 自 2023 年 7 月 20 日起,上海银保监局更名为国家金融监督管理总局上海监管局。

一是确立科创引领区建设工作机制。形成《上海银保监局关于＜中国（上海）自由贸易试验区临港新片区科技保险创新引领区工作方案＞的贯彻落实方案》。与临港新片区管委会签订《战略合作备忘录》，设立支持服务临港新片区领导小组办公室，积极推动并争取临港新片区管委会出台关于保险机构落地、保险业务开展、保险技术创新、保险人才集聚以及保险基础设施建设的一系列财税等支持政策。

二是落实重点项目。在银保监会财险部领导下，指导推动中国集成电路共保体研发创新保险产品，引入第三方专业损失鉴定评估，初步建立服务集成电路国产可替代保险机制。研究危险单位划分指引细则。推动网络安全保险新产品、新模式、新标准的建立推广。率先推出面向小微企业的普惠型网络安全保险，通过"保险＋服务＋科技"的新模式，可覆盖小微企业 80％ 以上的日常安全风险。与上海市经信委联合推动网络安全保险进园区活动。组织行业发布全国首个《网络安全保险服务规范》，对全国网安险发展起到示范引领作用。推进智能网联车车险研究。

三是加强科技赋能，探索提升保险高质量发展能力。推进海上风电风险管理联合体建设。研究上海巨灾保险新机制。探索金融应对气候变化的转型路径。联合上海市有关部门共同研究"承保＋减损＋赋能＋理赔"的上海巨灾保险新机制。

专栏 2　推进银行机构加强跨省（市）协同授信

上海银保监局推进银行机构加强跨省（市）协同授信，促进信贷资源在长三角区域跨省（市）畅通流动。

一是出台支持政策，优化监管环境。2022 年 2 月，上海银保监局牵头与苏、浙、皖、甬银保监局联合印发"长三角地区跨省（市）协同授信指引"，针对信贷资源跨省（市）流动给予更有针对性、更加具体的政策支持，要求银行在不同区域分支机构间加强业务统筹，建立跨区域协同授信机制，为长三角重点领域、重点区域、重大项目、重大平台建设提供更加灵活便利的融资支持。

二是支持设立一体化机构，统筹跨省（市）业务发展。交通银行设立长三角一体化管理总部，并在长三角一体化示范区设立示范区分行；浦发银行设立长三角一体化示范区管理总部；上海农村商业银行设立长三角金融总部。此外，工商银行、中国银行、建设银行和民生银行在原有机构基础上相继设立示范区支行，并以示范区为支点延伸服务长三角其他区域。以上机构的设立，为推进一体化管理或营运提供平台载体，促进银行联动长三角区域各分支机构的信贷资源和服务，在制度创新、管理落实和项目对接上形成着力点。

三是督促市场主体改进工作机制，推进项目落地。上海银保监局积极引导督促主要银行建立完善长三角区域跨省（市）信贷资源流动管理制度。交通银行制定《长三角区域集团客户营销服务与授信管理一体化试点方案》《长三角生态绿色一体化发展示范区金融同城化建设方案》；工商银行制定《长三角区域一体化信贷政策》；浦发银行印发《关于长三角一体化专项授权业务方案专项授权的通知》。经过建章立制，在实施层面进一步理顺长三角区域协同授信与贷款业务的责任分工，增强激励约束，确保监管政策

能够落地见效。在实务操作中，有关银行采取更加灵活高效的工作机制，比如采用"全额包销切分制""全流程一次贷审会""异地抵押业务协作机制"等一系列创新做法，提高工作效率，更好响应企业需求。

专栏 3　上海金融对外开放更上一层楼，五大行合资理财公司全部落户上海

近年来，金融领域先后推出 50 多条开放措施，取消外资持股比例限制，大幅减少外资准入数量型门槛，一批开放实例先后落地，金融业高水平对外开放稳步推进。

2019 年，国务院金融稳定发展委员会办公室发布的《关于进一步扩大金融业对外开放的有关举措》首次明确提出，允许境外资产管理机构和中资银行或保险公司的子公司设立由外方控股的理财公司。在这一政策支持下，国际资管机构开始积极加速在中国资管市场的布局。上海拥有齐备的金融市场体系、丰富的金融人才储备、优良的金融发展环境，同时背靠经济发达、民间财富积累

深厚的长三角地区，成为外资试水中国理财行业的首选地。2020 年，中国银行与法国东方汇理资产管理公司在沪成立汇华理财，成为国内首家外资控股合资理财公司。2021 年，国际顶级资管巨头贝莱德集团携手建设银行在沪成立贝莱德建信理财。

2022 年，施罗德交银理财有限公司、高盛工银理财有限责任公司相继在沪开业，法巴农银理财有限责任公司获批在沪筹建。至此，国内五大行均已参与设立外资控股合资理财公司，且全部落户上海，体现了国际金融巨头对中国市场的信心，也凸显了上海在中国金融对外开放进程中的重要地位。

专栏 4　开展本外币合一银行结算账户体系试点，持续提升企业本外币结算便利度

根据《中国人民银行关于印发〈本外币合一银行结算账户体系试点方案〉和〈本外币合一银行结算账户体系试点办法〉的通知》（银发〔2020〕227 号）要求和人民银行总行关于本外币合一银行结算账户体系试点工作部署，中国人民银行上海总部积极组织开展试点前各项准备工作，于 2022 年 12 月

19 日起实施上海市本外币合一银行结算账户体系试点（以下简称本外币合一试点）。本外币合一试点实施以来，上海辖内业务办理井然有序。截至 2023 年 5 月 5 日，上海辖内 5 家试点银行的 226 个试点网点累计开立单位本外币合一账户 2 万余户，新开本外币合一账户人民币资金交易量超 12 000 亿元，

外币资金交易量折算美元近 300 亿元。

本外币合一银行结算账户体系支持企业一次开立多币种结算账户，一个账号支持多币种结算和管理多币种资金。本外币合一试点通过制度创新补短板，解决外汇账户碎片化、松散化问题。它以人民币银行结算账户业务规则为基础，统一外汇账户管理规则，实现本外币账户管理的全流程规范化和全生命周期化。账户存续期间，试点银行从账户和存款人两个维度实施对银行结算账户开立、变更、撤销信息及资金交易信息的监测。人民银行上海总部与外汇管理局上海市分局创新监管模式，对本外币账户形成覆盖事前、事中、事后的协同监管机制。本外币合一试点，强化了现代化经济体系安全发展的底层支撑，是国家总体安全观在金融领域的生动实践，也为上海国际金融中心建设提供了安全可信的金融基础服务环境。

本外币合一试点将自由贸易账户一并纳入试点范畴，进一步促进投资贸易自由化和便利化，为把临港新片区、洋山特殊综合保税区打造成更具国际市场影响力和竞争力的特殊经济功能区，更好地服务对外开放总体战略布局提供了金融基础设施支持。

2. 证券期货业

上海证券公司持续加强创新活力，主动对接科技创新、绿色低碳等国家战略，为实体企业提供高效的金融服务。2022 年，3 家证券公司取得首批科创板做市商资格；6 家证券公司完成 47 个"双创"债项目，金额 272.83 亿元；8 家证券公司承销绿色债券 187 只，金额 1 365.27 亿元。上海证券公司在纾解企业流动性困难、助力企业恢复重振等方面积极提供专业服务。截至 2022 年末，共有 6 家证券公司以自有资金出资设立 183.76 亿元纾困母基金，对外投资 86.56 亿元，占比为 47.10%；国泰君安、申万宏源等证券公司积极参与沪深交易所首批组合型信用保护合约（CDX）业务试点，助力民企债券融资。此外，上海证券公司积极推进移动互联网应用适老化改造的实施和上线，国泰君安、海通证券、申万宏源等多家证券公司已上线移动互联网应用适老化版本，为老年人提供更加人性化、智能化的金融服务。

上海基金管理公司主动响应国家战略，支持实体经济高质量发展。汇添富基金发行张江自主创新 50ETF，2 家基金公司获批首批"硬科技"ETF，2 家基金公司成功发行首批以"中证上海环交所碳中和指数"为跟踪标的的碳中和 ETF。上海基金管理公司积极服务"第三支柱"养老金建设。截至 2022 年末，上海地区共有 20 家公募基金管理人的 52 只基金产品被纳入个人养老金基金名录，名录中上海公募基金管理人及基金产品数量均居全国首位。

上海期货公司持续完善"保险＋期货"业务模式，助力服务"三农"国家战略。2022 年，上海 17 家期货公司及其风险管理子公司开展 946 单"保险＋期货"业务，其中完成赔付 722 单，赔付金额 4.29 亿元。上海期货公司着力提升风险管理业务水平，加大服务产业客户力度，综合利用基差贸易、仓单服务等工具为实体企业提供定制个性化风险管理服务。

对外开放方面，继贝莱德基金后，路博迈基金和富达基金先后于 2022 年获准开业，获批新设的外资独资基金管理公司均落户上海。截至 2022 年末，上海共有外资独资证券公司 1 家，外资控股证券公司 3 家；外资独资基金管理公司 3 家，合资基金管理公司 23 家；合资期货公司 1 家；外资独资私募证券投资基金管理人（WFOE PFM）32 家，占全国的 84%。

上海多家证券基金期货经营机构开展海外或跨境业务。截至 2022 年末，共有 5 家上海证券公司在香港设立子公司，总资产 4 660.18 亿港元，同比下降 4.77%，净资产 580.49 亿港元，同比下降 10.93%。已有 11 家上海基金管理公司在美国（2 家）、新加坡（1 家）、中国香港（10 家）等地获批筹建或设立子公司。8 家香港子公司开展资管业务，管

理产品 53 只，规模 222.66 亿元，其中 RQFII 产品 11 只，规模 12.36 亿元；3 家香港子公司开展 8 单投顾业务，规模 16.48 亿元。汇丰晋信基金有 11 单海外投顾业务，规模 49.87 亿元。多家基金管理公司积极开展基金互认业务，7 家基金管理公司共 16 只基金产品在香港销售，在香港累计保有金额 9.3 亿元；7 家基金管理公司获得香港基金内地销售代理资格，累计代理或代销 23 只基金产品，在内地累计保有金额 87.67 亿元。多家期货公司积极赴境外开展国际化经营，已有 5 家期货公司在中国香港设立子公司，2 家期货公司在新加坡设立子公司。

专栏 5　上海基金行业积极开展个人养老金投资公募基金业务

2022 年 11 月 4 日，人力资源社会保障部、财政部、国家税务总局、银保监会、证监会五部门联合发布《个人养老金实施办法》，明确个人养老金可投资包括公募基金在内的金融产品。同月，证监会发布《个人养老金投资公开募集证券投资基金业务管理暂行规定》（以下简称《暂行规定》），对个人养老金投资公募基金业务的各类市场机构及其展业行为予以明确规范。

《暂行规定》发布以来，上海基金行业积极布局个人养老金业务，快速完成系统对接及四方联合测试。上海符合条件的机构均申报增设 Y 份额。截至 2022 年末，上海地区共有 20 家公募基金管理人的 52 只基金产品被纳入个人养老金基金名录，名录中上海公募基金管理人及基金产品数量均居全国首位。同时，上海基金行业加大个人养老金产

品的宣传力度，个人投资者认可度较高，兴全安泰积极养老目标五年 Y、中欧预见养老 2050 五年 Y 的产品规模在全国 133 只个人养老金产品中位居前五，规模均超过 1 亿元。此外，上海地区个人养老金产品收益稳健。截至 2022 年末，中欧预见养老 2035 三年 Y、兴全安泰平衡养老（FOF）Y 累计净值在全国 133 只个人养老金产品中，分别位居第一位和第三位。

上海基金行业还将继续加大个人养老金投资公募基金业务参与力度，增加养老目标基金产品储备及发行，建立健全并确保有效执行专门的管理制度和流程，针对养老目标基金产品特点，强化投资、研究、风险管理等能力建设，确保业务运作符合个人养老金相关制度以及证监会规定，更好服务居民养老投资。

（二）金融市场的金融创新和对外开放

1. 货币市场

继续优化质押式回购匿名点击业务（X-Repo）。有序扩充可用质押券范围，新增支持以地方政府债及同业存单为质押券的交易合约，增强服务实体经济效能；继续优化 X-Repo 全时段报价交易流程，实现点击成交时同步提券。已有逾 2 000 家市场成员参与 X-Repo 业务，日均成交约 7 100 亿元，较上年增长 16%。

不断完善回购请求报价交易机制（RFQ）。RFQ 交易机制支持货币市场交易商与对手方之间的全流程系统化询价。为便利市场参与者，RFQ 进一步支持批量提券等便利性操作，丰富请求报价接口服务覆盖场景，增强折算比例等风险管理功能。已有逾 5 000 家市场成员参与回购请求报价，2022 年累计成交 247 万亿元，同比增长 37%。

票据信息披露机制建设取得新进展。上海票据交易所发布《商业汇票信息披露操作细则》，配套《商业汇票承兑、贴现与再贴现管理办法》新要求的落地实施，为信息披露提供具体操作指引。截至 2022 年末，票据信息披露平台用户 6.6 万余家，承兑信息披露率达 98%，承兑人信用信息披露率为 96.61%。自 2023 年 1 月 1 日起，商业承兑汇票、财务公司承兑汇票、银行承兑汇票承兑人都应当按要求在票据信息披露平台注册和披露，票据市场信用体系建设进一步完善。票据信息披露制度正式实施以来，新签发商票逾期率为 4.64%，较 2020 年平均逾期率下降 6.75 个百分点，市场整体信用水平明显改善，市场主体信用意识明显增强，市场信用约束机制逐步形成。

供应链票据平台进一步优化升级。2022 年 6 月，供应链票据平台完成优化升级，报文接口规范与普通票据保持统一，新增质押、回购、追索等功能，实现了供应链票据从签发、流转、融资、交易至到期处理的全生命周期业务流程。此外，提供供应链平台代理付款应答、交易背景影像报文查询等辅助功能，为供应链平台服务企业支付融资提供了更广阔的空间。截至 2022 年末，共有 17 家供应链平台通过上海票据交易所为企业提供供应链票据服务，登记企业 7 500 余家，各项业务合计 2 211.87 亿元。经过两年多的发展实践，供应链票据服务实体经济作用不断显现。一是助力社会商业信用的发展，供应链票据以商票为主，商票累计签发占比为 92.60%。二是助力供应链企业融资，其承兑贴现发生额比例为 65%，较普通商票高约 28 个百分点。三是助力满足中小微企业支付融资需求，中小微企业用票金额占比为 70%，小额票据贴现融资效率进一步提高。

"贴现通"更多助力中小微企业融资。2022 年，"贴现通"业务保持较快发展，在拓宽企业贴现渠道、缓解贴现融资难题、助力实体经济抗击疫情等方面发挥了积极作用，获得"上海金融业助企纾困优秀成果奖"。在业务推广方面，"贴现通"业务量增速连续第三年超 100%。全年服务企业 5 965 家，促成票据贴现 4.83 万张，票面金额 1 677.67 亿元，同比增长 115.06%；贴现票据中，100 万元以下的小额票据 2.43 万张，占比为 50.36%，城商行、农商行等中小机构承兑票据 3.00 万张，占比为 62.16%；全年"贴现通"加权平均贴现利率为 1.90%，较全市场平均水平低 5 个基点，较一年期贷款市场报价利率（LPR）平均低 178 个基点，有效支持实体经济降低融资成本，实现精准扶持民营小微企业。在系统建设方面,票交所结合市场需求,对"贴现通"功能进行优化升级,新增银企签约功能和一站式清算功能,完善贴现询价功能,推动业务流程更加高效便捷。

"票付通"更好服务产业互联网新经济。2022 年,上海票据交易所建设投产新"票付通"功能。新"票付通"服务企业的线上支付场景进一步扩大,业务参与模式更加丰富,业务功能更加完善,在服务平台经济发展、提升企业用票便利性、缓解企业流动性压力方面发挥了积极作用,获得"上海金融业助企纾困优秀成果奖"。截至 2022 年末,

累计 11 家合作金融机构、185 家电票接入机构、44 家 B2B 平台以及近 5 000 户平台企业开通"票付通"业务,累计发起支付订单 2.60 万笔,订单金额约 926.07 亿元,同比分别增长 33.91% 和 51.19%;累计完成票据支付 2.80 万笔,支付金额 675.83 亿元,同比分别增长 40.22% 和 74.06%。全年,平均单户平台企业支付 11.76 笔,同比增长 12.46%,企业参与度进一步提升;商票支付量同比增长 122.06%,完成贴现率达到 99.67%,有效减轻了企业现金支出压力,助力实体经济发展。

专栏 6　银行间市场推出智能交易机器人

2022 年,中国外汇交易中心依托银行间市场即时通讯平台 iDeal,推出智能交易机器人服务。该服务通过自动化询价流程及接口协议规范,实现报价商与投资者之间自动询价,大幅降低传统场外市场中交易员海量询价的压力,提升沟通效率与服务质量。

iDeal 是中国外汇交易中心面向银行间本外币市场推出的即时通讯平台,集合了实名认证、监测留痕、合规询价、金融社区、开放生态、移动互联等业务优势和技术特点,为市场成员提供合规、多元、高效、便利的专业金融服务。此外,iDeal 能综合运用机器学习、自然语言处理、语义识别和智能推荐等技术,全面覆盖交易前、中、后全生命周期管理。智能交易机器人服务是外汇交易中心对传统交易模式进行供给侧结构性改革

的有力探索,也是推动银行间市场高质量发展的有效举措。

2022 年先后有多家本外币机构通过智能交易机器人实现全流程自动化询价与交易,并与做市商做市报价进行有机结合,为市场成员提供更高效、更多样的报价交易服务。截至 2022 年末已有 24 家机构推出 iDeal 智能交易机器人,有效覆盖本外币市场,包括现券买卖、质押式回购、利率互换、外币拆借、外币回购、外汇掉期等交易品种。

iDeal 智能交易机器人项目入选《金融时报》"2022 年中国资本市场十大新闻"。iDeal 将继续打造全新的互联网流量入口和开放服务平台,与市场成员共享共建中国金融市场生态圈。

专栏 7　新一代票据业务系统建成投产

2022 年 6 月 3 日,上海票据交易所(以 下简称票交所)新一代票据业务系统(以下

简称新系统）成功投产上线。新系统是票交所打造的全国统一的票据业务综合处理平台，将电子商业汇票系统（ECDS）和中国票据交易系统（以下简称交易系统）相互融合，解决了长期以来制约票据市场发展的诸多问题，为新时期票据市场的新发展格局奠定重要基础。

一、全国统一的票据全生命周期业务处理平台正式建成

近年来，票交所负责运营的交易系统和ECDS客观上形成了纸电票据贴现后业务在交易系统处理、贴现前业务在ECDS处理的格局。为真正实现纸电票据业务全流程一体化处理，票交所启动了新系统建设工作，统一贴现前后的技术路线，以新系统全面融合ECDS和交易系统业务功能。

为了提高新系统建设的科学性，票交所深入开展市场调研，形成切实可行的新系统业务方案，新系统对ECDS和交易系统功能进行全面优化升级，承载票据全生命周期业务，并创新实现票据"找零支付"功能。票交所先后向市场成员发布业务方案、直连接口规范、工程实施计划、推广期业务安排，并先期投产新系统一期供应链平台相关功能。2022年6月3日，票交所克服上海疫情影响，顺利实现新系统投产上线。新系统的建成，标志着现代化票据市场已具雏形，全国统一的票据全生命周期业务处理平台的功能更安全、更高效。

二、新系统将为票据市场高质量发展提供重要支撑

完善的基础设施是现代金融市场运行发展的"定盘星"和"压舱石"。新系统解决了长期以来制约票据市场发展的诸多问题，是票交所建设"具有关键影响力、系统重要性的一流金融基础设施"的关键举措，将为新时期票据市场的新发展格局奠定重要基础。

实现系统和规则统一，为票据市场发展提供新动力。新系统建成了统一高效的业务处理平台，在票据市场发展历史上首次实现纸电票据业务全场景、全要素、全流程、全生态的统一，并面向机构、企业、平台等全渠道市场成员，从根本上解决了长期以来两个系统并存导致的重复投入、系统割裂等问题。

形成一体化风控体系，为票据市场稳发展保驾护航。新系统为维护金融安全提供了新手段，引入企业信息报备、账户主动管理等功能，前置企业准入控制；强化信息披露要求，提高票据到期处理的自动化水平，降低票据兑付的道德风险和操作风险，有效提升票交所面对新时期下票据业务风险的管控和处置能力。

三、新系统将成为票据市场服务实体经济的新阵地

多年来，票据市场深耕服务实体经济。新系统在支持服务实体经济方面推出了一系列创新功能，有效扩大票据应用场景，为多层次的市场成员提供稳定坚实、丰富多元的服务保障。

面向企业，解决票据的支付痛点。新系统解决了企业持有票据金额与支付金额不匹配造成票据使用不便利的痛点，对传统电票的签发和流转形式进行优化升级，支持出票人签发由标准金额票据组成的票据包，持有人可依据实际需要在不同的业务场景中对票据包进行灵活分包流转，增强了票据的支付功能。

提升服务，覆盖多层次全产品体系。新

系统提供了票据签发、背书流转、贴现融资等传统业务以及线上贴现、"票付通"等创新产品的多层次产品体系，打通了系统分隔导致的业务和产品壁垒，从实体经济的多样化需求出发，优化票据应用场景，提供多样化的票据流转和融资服务。

四、新系统将平稳有序覆盖全渠道、全市场成员

自新系统建设启动以来，票交所与市场成员合力推进上线工作。截至 2022 年末，已有 404 家金融机构、18 家供应链平台完成新系统上线，累计超过 30 万家企业完成信息登记。随着新系统的市场成员覆盖范围不断扩大，票据市场发展的技术支撑将进一步增强，越来越多的机构和企业将会体验到新系统功能和性能的优势。

2. 债券市场

推出债券利差交易业务。2022 年 11 月 14 日，全国银行间同业拆借中心正式推出债券利差交易服务。债券利差交易支持跨债券品种、跨期限、新老券等多类型的利差组合，可有效提升债券组合交易的效率、降低执行风险，助力市场成员更好实现多样化的债券交易策略。组合出不同债券间的利差产品，可实现以活跃券交易带动非活跃券交易，有助于促进债市整体流动性水平的提高。上线以来，首批 20 余家市场机构积极参与报价交易，参与机构类型多样，成交覆盖 10 余组利差产品类型，有效丰富了策略交易工具。

持续优化现券匿名点击业务（X-Bond）。X-Bond 为参与机构提供了高效、快捷、便利的电子化债券交易服务，有效降低了交易成本。2022 年，X-Bond 交易机制持续优化，支持资管类机构以 Tom+0 方式达成交易，引入做市商，完善对手方管理模式，丰富交易接口，进一步适配资管机构交易流程，提升交易活跃度。截至 2022 年末，X-Bond 在新发关键期限利率债中的交易占比约为 30%，较 2021 年提升 13 个百分点。

持续完善债券借贷匿名点击业务（X-Lending）。X-Lending 新增基于双边授信的债券借贷匿名点击交易机制，针对活跃债券、活跃期限，实现双边订单自动匹配成交。为进一步提升交易效率，外汇交易中心组织报价商为市场提供持续稳定的融出报价。2022 年，X-Lending 业务累计成交 7 100 笔，金额 1.2 万亿元，成交额占借贷市场总交易量的 8.1%。

专栏 8　银行间市场积极推进绿色金融发展

2022 年，外汇交易中心共计支持绿色金融债券发行 14 只，融资规模 613 亿元，涉及 14 家金融机构。支持绿色债券发行承分销 236 只，类型包括绿色金融债、非金融企业债务融资工具、企业债、资产支持证券、熊猫债等，共达成分销交易 995 笔，总金额 1 476 亿元，为绿色金融市场发展提供了发行支持和高质量基础设施服务，有效支持了绿色债券融资。

优化各项交易机制，有效提升绿色债券二级市场流动性。2022 年银行间绿色债券成交 10 036.6 亿元，同比增长 27.2%，碳中和债券成交 1 903 亿元。

开展绿色金融产品创新。持续探索绿色

衍生品交易，支持机构达成挂钩 CFETS 碳中和债券指数的互换交易。完成首次国开绿债标准债券远期实物交割，12 家机构参与，助力绿色债券二级市场价格发现。落地以明讯银行托管的 ESG 债券篮子为抵押品的外币回购业务，积极践行绿色金融发展理念。

丰富 CFETS 绿色债券指数系列。2022 年 4 月发布 CFETS 0～3 年期银行间高等级绿色债券指数和 CFETS 银行间高等级碳中和债券指数，12 月发布 CEFTS 碳减排工具支持领域精选信用债指数。目前，CFETS 绿色债券指数系列已涵盖 6 只绿色债券指数，为投资者在绿色低碳领域提供更多的业绩比较基准与投资标的。此外，外汇交易中心在 ESG 领域进行积极探索，2022 年 12 月发布 CFETS ESG 高等级信用债指数。市场机构已尝试挂钩 CFETS 绿色债券指数发行相关金融产品，如申万宏源证券发行了挂钩 CFETS 碳中和债券指数的收益凭证产品。

专栏 9　统筹同步推进银行间和交易所债券市场对外开放

一是明确债券市场对外开放整体性制度安排。2022 年 5 月，人民银行、证监会、外汇管理局联合发布公告（关于进一步便利境外机构投资者投资中国债券市场有关事宜），按照"一套规则制度、一个债券市场"原则，进一步明确债券市场对外开放整体性制度安排。坚持以法人机构为市场主体和监管对象，明确各方权责，支持境外机构投资者直接或通过互联互通投资交易所债券市场，自主选择交易场所。立足我国商业银行柜台、跨市场转托管、"债券通"业务等多年良好实践，坚持穿透式数据和信息收集，探索建立健全兼容多级托管的包容性制度安排。

截至 2022 年末，共有 1 071 家境外机构主体进入银行间债券市场，同比增长 5.4%。其中 526 家通过直接投资渠道入市，784 家通过"债券通"渠道入市，239 家同时通过两个渠道入市。境外机构在中国债券市场的托管余额为 3.5 万亿元，占中国债券市场托管余额的 2.4%。

二是完善境外机构投资中国债券市场资金管理要求。2022 年 11 月，人民银行、外汇管理局印发《境外机构投资者投资中国债券市场资金管理规定》，统一规范境外机构投资者投资中国债券市场所涉及的资金账户、资金收付和汇兑、统计监测等管理规则，完善即期结售汇管理，优化外汇风险管理政策及汇出入币种匹配管理，明确主权类机构外汇管理要求。

三是统一熊猫债资金管理要求。2022 年 12 月，人民银行、外汇管理局联合发布《中国人民银行　国家外汇管理局关于境外机构境内发行债券资金管理有关事宜的通知》（银发〔2022〕272 号），完善熊猫债资金管理要求，统一银行间和交易所市场熊猫债资金登记、账户开立、资金汇兑及使用、统计监测等管理规则，完善熊猫债外汇风险管理，进一步便利境外机构在境内债券市场融资。近年来，熊猫债市场规模持续稳步增长。截至 2022 年末，熊猫债存量规模达 2 007.8 亿元，熊猫债累计发行 6 262.1 亿元。

专栏 10　创新中债担保品管理服务　助力债券市场发展

中债担保品管理服务是中央结算公司自主研发的创新服务，始于 2011 年。中债担保品业务中心于 2017 年落户上海，紧密承接上海国际金融中心建设战略，服务长三角地区金融要素市场与各类金融机构，持续发挥债券市场"风险管理阀门"与"流动性管理中枢"的重要作用，从支持宏观调控到保障微观金融交易，逐步形成全方位的担保品管理体系。截至 2022 年末，公司管理的担保品规模达 20.94 万亿元，服务机构类客户 3 700 余家，连续 6 年居全球中央托管机构首位。

一是在支持宏观政策调控方面，公司积极为中期借贷便利（MLF）、常备借贷便利（SLF）、支小 / 支农 / 扶贫再贷款、碳减排支持工具、支持煤炭清洁高效利用再贷款等货币政策工具提供担保品管理服务。2022 年全年，公司支持人民银行完成 11 项货币政策工具共计 34 期操作，业务操作量 3.32 万亿元，实现各类专项再贷款业务 DVP 结算和信贷资产担保品管理在货币政策业务中全面应用。公司有力支持财政政策实施，为全国省级地方国库现金管理业务提供担保品管理服务，帮助地方财政部门有效管控风险，充分保障国库资金安全。2022 年全年，公司支持地方财政部门国库业务操作 6 400 余笔。为财政部定制化设计并开发地方国库现金管理风险预警和监测系统功能，助力主管部门筑牢风险防控底线。

二是深化在沪要素市场互联互通方面，公司继续推进与中金所、上期所等期货交易所的互联合作，牵头与期货市场系统直连项目；与广期所签署合作备忘录，推动广期所顺利开展首笔国债作为保证金业务；配合期货市场合格境外投资者入市工作，完善境外机构参与境内期货市场交易的制度衔接。截至 2022 年末，债券充抵期货保证金业务管理中担保品余额 1 821 亿元，助力金融要素实现跨市场联通。公司与外汇交易中心合作，升级外币回购业务模式，新增外币回购质押、买断业务模式，并落地首笔以境内美元债作为担保品的外币回购业务。截至 2022 年末，已有 62 家机构开通外币回购业务资格，全年共支持各币种融资规模近 2 000 亿美元，助力上海多层次资本市场建设。

三是在服务金融市场方面，公司不断探索担保品管理创新发展，服务领域和客群持续拓展；首次在绿色金融领域引入担保品管理机制，首创"标准化绿色债券担保品池"和"合格担保品范围扩容"模式；首次在境内场外衍生品市场引入担保品管理服务，成功支持 4 家机构在场外交易中使用债券作为担保品，建立更加安全、高效的履约保障机制；首次在国家融资担保基金存款业务中引入资金定价系统和担保品管理服务，起到良好示范效应；通用式服务理念持续渗透，成功拓展至地方社保基金管理等 9 类业务场景，业务规模稳步攀升。截至 2022 年末，上述产品创新服务累计操作量达 5 125 亿元，进一步满足金融机构创新业务发展需求。

3. 股票市场

科创板做市商机制落地。为落实《关于支持浦东新区高水平改革开放打造社会主义现代化建设引领区的意见》《关于在海证券交易所设立科创板并试点注册制的实施意见》等制度文件要求，上交所于 2022 年 10 月 31

日正式启动科创板股票做市交易业务。业务启动以来，做市股票数量稳步增长，做市交易运行平稳，做市报价积极踊跃，做市义务履行良好，未发生风险事件，市场反响正面积极。做市股票订单簿结构优化明显，在流动性、定价效率、市场韧性、市场活跃度等方面均得到有效提升。

中证500ETF期权在上交所上市。2022年9月19日，中证500ETF期权在上交所上市。中证500ETF期权是上交所第三个场内股票期权品种，对丰富股票市场风险管理工具、完善我国资本市场产品结构和功能、提升服务实体经济能力具有重要意义。上市以来，中证500ETF期权定价合理，市场运行平稳，风险可控，投资者参与理性，整体符合预期，进一步满足了市场多元化的风险管理需求，也为平稳发展多年的沪市股票期权市场注入新活力。

推出组合型信用保护合约（CDX）。2022年7月，为贯彻党中央、国务院关于支持民营企业发展的决策部署，落实政府工作报告关于完善民营企业债券融资支持机制的工作要求，经中国证监会批准，上交所推出CDX试点，以市场化方式支持企业融资。CDX可为包括优质民营企业在内的债券发行人提供一篮子的信用保护，与单一信用保护合约相互补足。CDX具有以下特点：一是交易效率高，投资者完成一笔CDX交易即可实现对多个参考实体的风险保护，节约了交易成本；二是分散化效果好，组合由一篮子参考实体构成，有助于更好地解决集中度问题，实现分散风险的目的。

持续拓展优化境内外市场联通机制。完善互联互通存托凭证机制，助力境内企业海外展业。2022年3月25日，上交所与境外证券市场互联互通存托凭证业务配套规则正式发布。截至2022年末，已有21家沪市上市公司发布在瑞士、英国、德国等发行全球存托凭证（GDR）的公告，全面覆盖新规适用的全部境外市场，其中4家公司成功发行，累计募资12.9亿美元。持续优化沪港通机制，丰富可投资标的品种。2022年6月，上交所正式发布《上海证券交易所沪港通业务实施办法（2022年修订）》等相关文件。2022年7月，首批ETF纳入沪港通并交易。截至2022年末，共有53只ETF纳入沪股通，5只纳入港股通。上交所积极做好ETF纳入的配套工作，搭建上交所ETF纳入互联互通英文专栏网站，为境外投资者参与上交所ETF市场提供资讯便利。积极推进债券市场开放。上交所债券市场境外投资者直接入市业务于2022年6月落地。上交所联合中国结算公司发布并实施《境外机构投资者债券交易及登记结算业务实施细则》，允许境外机构投资者直接投资交易所债券市场。截至2022年末，直连入市项下21家境外机构投资者共计开立23个证券账户，累计成交金额2.2亿元。

深化资本市场开放合作。积极开展国际交流活动。2022年进博会期间，上交所首次与虹桥论坛秘书处共同举办第五届虹桥国际经济论坛分论坛，积极展示我国资本市场发展与开放成果、传递开放合作共赢的理念。全方位开展国际投资者服务。上交所积极发挥国际推介职能，围绕上交所重点工作和四大市场，举办7场国际路演和培训，活动举办频次和国际投资者参与数量均创历年新高。聚焦吸引中长期资金入市、紧扣市场关切话题，围绕热门行业、ESG和复工复产等，全年组织近120场"国际投资者线上走进沪市公司"活动，参与国际投资者、沪市公司规模较上年大幅增长。不断丰富对外合作形式，探索新模式。2022年12月22日，境内首只中韩合编指数产品——中韩半导体 ETF 在上交所上市，该产品基于 2021 年上交所与韩交所合作编制的指数产品，是上交所与境外交易所通过共同开发指数实现跨境产品合作的有益尝试。积极参与国际组织事务，深化 ESG 绿色金融国际合作。2022 年，上交所再次连任世界交易所联合会（WFE）董事席位，举办"敲响性别平等之钟""提升投资者财经素养鸣锣"等活动。加入中英绿色金融工作组指导委员会，提升绿色金融领域国际影响力。推动共建"一带一路"高质量发展。

上交所依托海外参股机构，助力中资企业海外展业，支持"一带一路"建设，依托中欧国际交易所，协助北京国有资本运营管理有限公司、中国银行法兰克福分行等中资企业在欧洲挂牌优先无抵押欧元债券和绿色债券；协助境外金融机构在法兰克福证券交易所和中欧所挂牌数十只交易所交易产品（ETP）；支持阿斯塔纳国际交易所推出首只人民币交易所交易票据（ETN），先后举办"上交所国际合作论坛—哈萨克斯坦新机遇"和"阿斯塔纳金融日"活动"一带一路"论坛。

专栏 11　稳步推进全面注册制改革各项准备工作

2022 年，在证监会统筹安排下，上交所坚持稳中求进工作总基调，积极落实全面注册制改革相关安排，推动相关规则、业务、技术准备基本就绪。

积极借鉴科创板注册制实践成果，吸收总结科创板试点经验，对试点阶段行之有效的做法进行优化和定型。一是以服务国家重大战略为指导，引导资源高效配置，充分发挥资本市场融资功能。坚持尊重注册制基本内涵、借鉴全球有益实践、体现中国特色和发展阶段特征的原则，突出把选择权交给市场这一注册制改革的本质，坚持服务实体经济和科技创新，更好地促进高质量发展。二是明确板块定位，保留板块特色。主板定位突出大盘蓝筹特色，重点支持业务模式成熟、经营业绩稳定、规模较大、具有行业代表性的优质企业；科创板以支持"硬科技"企业发展为特色，支持技术转化周期较长但具备国产替代实力的成长型企业蓄力。三是优化审核注册机制，探索多元包容的发行上市制度。将科创板首发、再融资、并购重组的审核程序、机制和信息披露要求扩展适用至主板，统一审核注册制度，优化程序安排，完善监督制衡机制；科创板设置五类上市标准，为不同类型、不同发展阶段的企业提供融资渠道，提升市场包容性。

持续推进制度创新，探索完善全面注册制的制度建设，并做好业务、技术准备工作。一是修订完善注册制持续监管系列规则指南，稳妥实施制度创新，进一步完善持续监管规则体系，不断提升主板制度包容性，更好服务各类型上市企业。制定发布《上海证券交易所股票上市规则》《上海证券交易所优先股试点业务实施细则》《上海证券交易所发行上市审核规则适用指引第 4 号——创新试点红筹企业财务报告信息披露》《上海证券交易所自律监管指引第 6 号——重大资产重组》等业务规则；修订发布《上海证券交易所上市公司自律监管指南第 2 号——业务办理》和《上海证券交易所科创板上市公司自律监管指南》。二是梳理主板注册制下公司行为业务运行差异，对现行业务运行方案中的限售股解禁上市、权益分派、业务通知单适应性等方面进行调整修改，并与中国结算公司做好相关业务操作约定，不断做好上市公司监管服务工作，稳步推进注册制改革。三是以更加市场化、便利化为导向，对《上海证券交易所交易规则》进行整体修订，优化完善主板交易机制，包括优化规则体例，整合科创板股票交易特别规定及配套指引，删除债券交易的相关内容；优化新股上市初期价格涨跌幅限制、连续竞价阶段有效申报价格范围、严重异常波动的交易信息披露等安排；改善交易监管，完善异常交易行为监管相关规定，明确程序化交易的报告义务。

4. 外汇市场

有序推进银企平台建设。为推进企业汇率风险管理工作，外汇交易中心推出"CFETS助企汇"汇率避险一揽子综合服务，荣获"上海金融业助企纾困优秀成果奖（优秀奖）"并在第五届进博会专场展示。落实国家外汇管理局关于推进银企平台试点拓展的批复，与各地外汇分局联合开展推介，支持银企平台引入更多试点机构。试点拓展首月，市场反应积极，银企平台成功引入100家用户（包括8家银行总行及65家下属分支行、27家企业），其中4家企业通过银企平台成功达成首批交易。

扩展外币回购抵押品范围，促进绿色金融国际合作。为促进外币货币市场发展，提高外币回购业务效率，对标国际市场交易标准，外汇交易中心推出以中央结算公司托管债券为抵押品的双边回购、以境内美元债为抵押品的外币回购、以明讯银行托管的ESG债券篮子为抵押品的三方回购。其中，ESG债券篮子抵押品是绿色债券且募集资金也用于符合国际标准的绿色项目。

专栏 12　推进跨境贸易投资高水平开放试点

跨境贸易投资高水平开放试点助力临港新片区金融创新。临港新片区是上海国际金融中心建设的"发动机"，是浦东社会主义现代化建设引领区的"排头兵"，是上海市经济高质量发展的"增长极"，是全国高水平改革开放的"试验田"。2022年1月28日，上海市分局基于国家外汇管理局《关于在上海自由贸易试验区临港新片区等部分区域开展跨境贸易投资高水平开放试点的通知》（汇发〔2021〕35号），正式印发《中国（上海）自由贸易试验区临港新片区开展跨境贸易投资高水平开放外汇管理改革试点实施细则》，涵盖9项资本项目改革措施、4项经常项目便利化措施，以及2项加强风险防控和监管能力建设的相关要求，高度体现了国家外汇管理局对临港新片区"先行先试试验田"的重视，也为后续进一步提高开放监管能力、探索"更开放更安全"的外汇管理机制积累了宝贵的经验，助力临港新片区金融创新和上海国际金融中心建设能级再上新台阶。

试点政策更开放更便利更自由，政策红利不断释放。经常项目高水平开放试点政策面向上海辖内符合条件的银行和所有临港新片区内注册企业，扩大了便利化政策受益面，优质企业实现了三个"全部"：一是经常项目下跨境外汇收支业务可"全部"到银行办理；二是银行"全部"按照客户指令为优质企业办理经常项目下跨境外汇收支业务；三是优质企业"全部"由银行自主决定。资本项目高水平开放政策涉及多个领域的外汇改革，非金融企业外债便利化、跨境股权投资基金跨境投资、跨境资产转让业务、跨国公司本外币一体化资金池业务、取消接收境内再投资登记、资本项目外汇登记由银行办理、缩减资本项目收入使用负面清单、放宽跨境融资币种匹配要求、提高非金融企业境外放款上限等试点政策使临港新片区企业切切实实享受到改革红利。截至 2022 年末，试点政策均已落地见效，合计惠及 162 家试点企业，便利化交易 12 397 笔，金额约 271.21 亿美元。在临港新片区管委会、上海市人社局开展的"临港新片区制度创新奖"评选活动中，该试点获得一等奖。

积极推动便利化试点扩围，有力支持上海国际金融中心建设。在国家外汇管理局指导和支持下，上海市分局已将试点项下有关合格境外有限合伙人（QFLP）资金汇兑、投资范围和组织形式等政策由临港新片区扩展到上海全市，将银行直接办理非金融企业外债签约登记试点区域由临港新片区扩大至浦东新区，充分发挥临港新片区在外汇改革创新中先行先试、示范带动的功能作用。同时，上海市分局将以跨境贸易投资高水平开放试点政策扩围为契机，全力支持上海对外贸易加快接轨国际通行规则参与全球经贸竞争，积极支持浦东承接国际金融资产交易平台、跨国公司区域财资中心等全国性全球性功能，一如既往支持上海国际金融中心加大金融创新力度、加快金融资源集聚、加深企业融资服务、加强金融风险防范，参与国际经济金融竞争与合作，为服务全国发展大局作出更大贡献。

5. 黄金市场

2022 年，上海黄金交易所国际业务板块成交金额 2.09 万亿元，其中，竞价成交金额 0.84 万亿元、询价成交金额 1.25 万亿元。全年净额资金清算量 1 292.94 亿元。截至 2022 年末，国际板共在 10 家保证金存管银行开立 9 个 FT 账户和 1 个境外结算专用账户，国际会员已开立 201 个 FT 账户和 37 个境外结算专用账户。2022 年，上金所国际业务板块克服疫情影响，新招募国际会员 5 家，截至年末，国际会员近百家，国际客户 76 家，覆盖 16 个国家和地区，涵盖商业银行、精炼企业、贸易公司、券商、投资机构等多种类型，市场结构不断优化，市场参与度持续上升。一是夯实基础设施建设。积极拓宽境外机构入市渠道，制订境外机构人民币银行结算账户纳入国际板结算专用账户体系业务方案，弥补国际板 FT 账户地域限制带来的局限性；在海南、广东两地应用和推广国际板 FT 专用账户。二是以"降费率、促交易"为出发点，实行多项费用减免措施，达到"稳运营、保收入"的目标。实施国际会员询价掉期交易手续费优惠措施，构建流动性充裕的机构间市场。采取助企纾困措施，为企业抗疫复产提供支持。三是继续拓展"黄金之路"市场应用，推动实现"一带一路"市场黄金资源、资金、技术共享。首次实现市场主体依托上海地区国际板仓库开展"黄金之路"项目相关业务。研究探讨"黄金之路"项下创新业务模式，丰富"黄金之路"项目在《区域全面经济伙伴关系协定》（RCEP）下应用场景。举办"黄金之路"市场线上推介会，向包括境内外商业银行、精炼商、珠宝首饰加工企业在内的近 50 家机构推广黄金来料加工复出口业务模式。

拓展国际合作模式。与马来西亚交易所等行业机构、RCEP 成员国市场机构持续开展沟通交流，探讨多样化的国际合作模式。加大国际板推介力度。参加 2022 年亚太区贵金属年会线上会议并举办"特别关注——中国市场"专场论坛，以"提高贵金属市场的互联互通"为主题，向来自东南亚政府机构、金融机构及黄金产业链企业的近 500 名代表推介中国黄金市场。举办国际会员线上培训会，向新加坡、土耳其、日本等国家和地区的 80 名国际会员代表介绍上金所业务，帮助国际会员进一步了解中国黄金市场，拓展国际板业务开展思路。

专栏 13　上海黄金交易所履约担保型询价合约上市

为切实履行合格中央对手职责，有效完善黄金基础设施功能，精准服务市场主体，2022 年 9 月 22 日，上海黄金交易所（以下简称上金所）上市履约担保型询价合约，开展黄金询价交易中央对手清算业务。

履约担保型询价业务基于标准化合约设计，支持即期、远期、掉期等主流交易类型，对应交割品种为 Au99.99。上金所挂牌上市履约担保型询价合约支持询价交易中央对手清算业务，黄金询价交易经上金所承接确认后，在上金所中央对手清算业务体系下，由上金所进行合约替代，对询价交易进行逐日盯市和存续期管理，并承担履约担保责任，形成一套集交易、登记、清算、交割、风控和管理于一体的产品方案。

履约担保型询价合约的上市，有利于上金所履行合格中央对手职责；有利于推进人民币黄金中远期价格基准建设，提升价格基准的质量；有利于进一步拓展"上海金"在衍生品结算定价中的应用场景；有利于完善基础设施功能，提高场外市场交易的透明度；有利于支持金融机构服务套保需求。

履约担保型询价合约上市以来，市场运行平稳，累计成交金额 200 亿元，参与机构覆盖询价市场做市商、商业银行、证券公司、生产精炼企业和持牌货币经纪等多种类型机构；上金所依托"上海金"午盘价、上金所黄金远期价格曲线的价格基准对合约持仓完成每日无负债结算，业务各项清算交割均顺利完成，取得预期的政策与市场效应。

6. 期货市场

稳步推进品种改旧上新，风险管理工具日渐丰富。2022 年，上期所（含子公司上海国际能源交易中心）新上市白银期权和螺纹钢期权，完成氧化铝期货、合成橡胶期货及期权上市准备；将铜期货交割品级中的 1 号标准铜删除；将铜期权合约行权价格覆盖范围参数由涨跌停板幅度的 1 倍调整为 1.5 倍。截至 2022 年末，上市交易品种分别为铜、国际铜、铝、锌、铅、锡、镍、黄金、白银、螺纹钢、线材、热轧卷板、不锈钢、原油、低硫燃料油、燃料油、石油沥青、天然橡胶、20 号胶、纸浆期货 20 个品种的期货合约，以及铜、天然橡胶、黄金、锌、铝、原油、白银、螺纹钢 8 个品种的期权合约。

综合业务平台成交活跃，服务实体经济功能不断深化。2022 年，上期综合业务平台成交 18 335 笔，共计 68.60 万张仓单，成交重量 135.36 万吨，成交金额 1 229.78 亿元（以单边统计）。其中，成交仓单数量同比增长 66%，成交金额同比增长 7%。平台上线 20 号胶保税标准仓单交易业务，推出山东国际大宗报价专区。平台从完税标准仓单起步，逐步向延伸仓单、保税标准仓单、场外衍生品领域发展，积极拓展期货市场服务实体经济的深度和广度。推出部分品种月均价。发布能化品种原油、燃料油、石油沥青月均结算价，以及 20 号胶期货月均结算价和月均收盘价，引导产业客户参考期货价格进行贸易定价。优化交割业务模式，加强交割仓库监管。根据产业变化和市场需求，动态调整交割仓库布局，全年增设仓库 5 家、集团交割厂库 1 家，取消仓库 6 家。

"保险 + 期货"试点项目覆盖区域不断扩大。全覆盖支持地区数量达到历年之最，共计 11 县（市 / 州）1 村，保障效果历年最好。"保险 + 期货"试点项目平均赔付率为历年最高，项目效果和影响力不断显现。2022 年，上期所天然橡胶"保险 + 期货"获批项目共 75 个，参与期货公司共 50 家，覆盖云南省、海南省 21 个县市，挂钩天然橡胶现货产量约 17.25 万吨。其中，在云南地区开展试点项目共 33 个，覆盖天然橡胶现货产量 8.25 万吨；在海南地区开展试点项目共 42 个，覆盖天然橡胶现货产量约 9 万吨。试点以每挂钩 1 000 吨天然橡胶现货补贴 80 万元的标准，总体可受益胶农约 17 万户次，其中脱贫户（原建档立卡户）近 6.6 万户。理赔总额约为 1.2 亿元，平均赔付率达 90%。其中，海南地区项目赔付金额共计 6 411 万元，云南地区项目赔付金额共计 6 011 万元。

中证 1000 股指期货和期权、上证 50 股指期权平稳上市。2022 年，中证 1000 股指期货和期权、上证 50 股指期权先后于 7 月 22 日、12 月 19 日在中国金融期货交易所（以下简称中金所）成功挂牌上市。新产品上市以来，市场运行平稳有序，期现价格紧密联动，投资者理性参与，产品功能初步发挥。截至 2022 年末，中证 1000 股指期货、中证 1000 股指期权以及上证 50 股指期权的日均成交量分别为 5.56 万手、6.18 万手和 2.01 万手，日均持仓量分别为 9.62 万手、5.40 万手和 1.96 万手。股指期货和期权新产品的上市有利于进一步丰富资本市场风险管理工具，更好满足投资者日益多元化的风险管理和财富管理需求。

QFII、RQFII 参与股指期权业务落地。2022 年 9 月 2 日，中金所发布《关于合格境外机构投资者和人民币合格境外机构投资者参与股指期权交易有关事项的通知》，正式受理合格境外机构投资者（QFII）和人民币合格境外机构投资者（RQFII）股指期权套期保值额度申请，QFII、RQFII 参与股指期权业务正式落地。推进 QFII、RQFII 参与金融期货市场，是中金所落实推动资本市场制度型开放的切实举措之一，进一步丰富了境外交易者的风险管理工具，有利于促进境外资金持续稳定配置境内股票资产，对于优化股指期货和期权市场生态、吸引更多中长期机构投资者参与资本市场具有积极意义。

落地实施做市商分级机制，丰富做市机构数量及类型。中金所于 2022 年 1 月、7 月分别在国债期货、股指期权市场引入做市商分级机制，实现境内期货交易所期货做市商分级机制首次落地。中金所做市商分为主做市商和一般做市商，不同级别做市商适用差异化报价义务要求和权利安排。同时，根据市场需要及发展情况，新增一批一般做市商，并对做市商实施动态资格轮换调整。伴随做市商分级机制落地实施，金融期货市场做市商队伍结构逐步完善，形成主做市商与一般做市商相辅相成、相互促进、良性互动的新局面，做市品种流动性合理充裕，市场活力韧性进一步增强。推动第二批保险机构和试点商业银行获批参与国债期货交易。2022年，中金所在"高标准、稳起步、控风险"原则的指导下，积极推动四部委就深化保险参与达成共识，实现第二批3家保险机构以及渣打银行作为第二批试点商业银行获准入市。

商品期货市场对外开放方面，2022年，上海商品期货市场不断做精、做优、做强已有对外开放品种，加强国际合作交流，开展多种形式境外推广活动，提升境外交易者参与度。一是做精、做优、做强已有对外开放品种，逐步提升相关品种国际影响力。原油期货方面，原油期货境外交易者日均持仓超三成，覆盖六大洲近30个国家和地区的交易者，涵盖石油公司、跨国贸易公司、投资银行、基金和资产管理公司中的标杆性企业；境外特殊参与者共3家，备案的境外中介机构达78家；交割出库的原油以报关进口为主，也有部分原油转运出境至韩国、缅甸等周边国家和地区。低硫燃料油期货方面，上期所与浙江国际油气交易中心联合研发编制的"中国舟山低硫燃料油保税船供报价"买方和卖方报价均已发布，成为首个以国内期货市场价格为定价基础的人民币报价机制。20号胶期货方面，泰国联益集团、新加坡合盛农业集团、中国海胶集团、中国广垦橡胶、泰国泰华树胶等境内外头部天然橡胶生产企业以及中国双星集团、韩国锦湖轮胎等境内外知名轮胎企业积极运用上期能源20号胶期货作为天然橡胶跨境贸易定价基准，挂钩实货贸易量近140万吨，货值逾150亿元人民币，占我国天胶进口量近三成；20号胶品种保税标准仓单交易上线，促进20号胶品种的期货现货结合、场内场外协同、境内境外连通，与天然橡胶期货和期权、标准仓单交易、延

伸仓单交易及20号胶期货共同构建天然橡胶衍生品市场体系。国际铜期货方面，试点开展"一路铜行"项目，国际铜期货累计成交和持仓量实现较大增长，产业客户持仓规模实现有效提升；新批准2个注册品牌，批准1个存量注册品牌新增2个注册产地，可交割资源稳步拓展；引入合格境外机构投资者和人民币合格境外机构投资者参与交易，投资者结构日益优化；持续开展境内外市场培育，强化对龙头企业的"一对一"服务。二是加强国际合作交流，开展多种形式境外推广活动，提升境外交易者参与度。国际合作方面，与马来西亚衍生品交易所签署合作谅解备忘录，为后续合作奠定框架基础；持续研究推进与境外交易所探索结算价授权合作模式，进一步加强跨境务实合作；参与世界交易所联合会（WFE）等国际组织的各类会员大会、行业会议。境外推广方面，持续推进引入合格境外机构投资者（QFII）和人民币合格境外机构投资者（RQFII）相关工作，已有QFII/RQFII完成在交易所开户并进行交易；自主举办十余场境外推广活动，主要围绕上期所国际化进展、特定品种推广、QFII/RQFII准入等主题，覆盖新加坡、韩国、日本、英国等多个国家和地区。

金融期货市场对外开放方面，2022年，中金所持续完善深化相关业务准备，稳妥推进金融期货市场开放：持续研究论证股指期货和股指期权、国债期货等扩大对外开放的方案；按照"放得开、看得清、管得住"的要求，持续深化股指期货和期权特定品种对外开放各项业务准备工作，跟踪分析离岸市场A股衍生品产品设计及市场发展情况，深入研究对外开放实施路径，完善业务方案。稳步推进境外合作项目发展，扎实推动巴基斯坦证券交易所（以下简称巴交所）和中欧

国际交易所"一带一路"境外合作项目建设。一是协助巴交所设立科创板，研发上市 2 只股票 ETF 产品和 90 天可交割个股期货，扩大投资者数量并优化交易所收入结构。二是推动中德通业务取得实质性进展，挂牌 12 只交易所交易产品和 2 只离岸债券，推动中金公司成为法兰克福证券交易所会员，持续推进 A 股衍生品研发。

专栏 14　中国氢价指数启航，奔向"双碳"新未来

2022 年 9 月 22 日，上期所与上海环境能源交易所（以下简称上海环交所）、上海长三角氢能科技研究院联合发布中国氢价指数体系，首批发布"长三角氢价格指数"，每两周进行发布更新。

碳氢协同发展，为推动全国性氢交易平台及体系建设奠定基础。首发"长三角氢价指数"直观反映了长三角氢价格及清洁氢价格的总体水平和变动趋势，对政府监测市场、氢能源上下游关联企业决策、投资分析等具有价格参考作用，为形成有效的氢能行业市场价格风向标、推动全国性氢交易平台及体系建设奠定基础。同时指数核算考虑了碳排放因素，将氢气定价与碳排放价格挂钩，充分发挥碳市场价格引导作用，促进碳氢协同发展。

期现联动，推动氢能期现市场发展，助力国家"全球氢定价中心"建设。上期所与上海环交所深化战略协作，在探索氢能期现市场建设、碳市场与大宗商品联动、碳氢协同能力建设、绿色可持续发展等方面资源共享、优势互补、期现协力，充分发挥期现平台战略协作优势，不断推动"中国氢价指数体系"的建设与完善，助力上海打造成为具有国际影响力的碳定价中心与氢能定价中心，服务长三角一体化发展战略，服务国家能源绿色低碳转型发展。

7. 金融衍生品市场

新增外汇期权交易品种序列。银行间外汇市场于 2022 年 6 月 13 日正式上线美式、亚式、欧式障碍和欧式数字等奇异期权交易品种，进一步满足境内外汇期权市场需求，完善境内外汇市场衍生品序列，向市场提供更多汇率风险管理工具。多家银行在对客市场落地奇异期权交易，通过银行间市场与银行对客市场的有效联动，提升金融基础设施和金融机构服务实体经济外汇风险管理能力。

新增利率互换专属报价服务。该服务是由市场活跃机构以 X-Swap 报价为基准，向不同类型、不同群组的机构客户提供更具竞争力且私有的可成交报价，机构客户可在专属报价服务中获取比普通询价更高效的优质报价。

银行间市场对外开放方面，一是推出银行间债券跨境认购服务。通过外汇交易中心系统与"新债易"（ePrime）系统的对接，支持境外投资人线上参与银行间债券发行，为境外投资者提供更高效、更安全的债券一级市场投资渠道。二是衍生品市场对外开放迈出新步伐。在"债券通"的基础上，"互换通"北向通合作框架落地，更好满足境外投资者利率风险管理需求。三是南北向交易机制不断优化：外汇交易系统推出代理交易功能，便利代理行交易；优化南向通新债等交易流程，建设南北向交易接口，助力做市

机构提供高质量的跨境交易服务，推动构建高水平金融双向开放格局。随着境外机构投资便利度的不断提升，银行间市场吸引了越来越多的境外投资者加入。截至 2022 年末，境外交易账户数较上年增加 560 个，达 5 136 个，其中法人机构增加至 703 家。全年，境外机构在银行间市场共成交 56.1 万亿元，同比略降 3.1%，其中，现券买卖共成交 13.3 万亿元，同比增长 14.8%，占现券市场全部交易的 2.5%。

8. 清算业务

全力支持稳经济大盘。一是加大对重点领域的金融支持力度。支持房企等民营企业发债融资。积极推进并扩大民营企业债券融资支持工具使用，2022 年上海清算所服务 140 余家企业成功发行约 670 亿元债券；落地首批保障性租赁住房债务融资工具、主体类科创票据等创新产品，拓展企业直接融资渠道，再度延长民营企业债券发行等费用减免期限，进一步降低融资成本。支持重点领域金融债券发行。全方位服务小微企业、绿色低碳、乡村振兴、区域协调、抗疫保供等主题金融债券发行，引导金融活水流向经济社会发展的关键领域、薄弱环节。助力绿色金融发展。积极参与全国碳市场清算机构组建方案及清结算规则制定，主动为碳市场制度及标准建设献计献策。二是延伸拓展清算通服务范畴。协同商业银行和现货平台创新推出面向中小微企业的线上化供应链金融服务，同步扩展业务覆盖品种、延长运行时间，有效满足实体企业安全交收、产业链融资等综合需求。清算通业务已覆盖化工、有色金属、黑色金属、农产品等行业的 30 个品种，2022 年共清算 5 417 亿元，服务 3 700 余家实体企业。

赋能银行间市场高质量发展。一是持续提升发行登记托管结算基础设施功能。贯彻落实债券市场互联互通决策部署。在联合同业机构发布相关业务规则的基础上，顺利完成相关技术系统部署，银行间与交易所债券市场互联互通取得实质性进展。助力柜台债券市场发展改革措施落地。支持商业银行推出全市场首单试点面向中小金融机构和资管产品等合格投资者的存量债券柜台交易业务和一级市场发行业务，满足市场多样化投资配置需求。丰富债券市场产品序列。支持商业银行、保险公司等发行资本补充债券，提升金融机构服务实体经济和抗风险能力。持续提升发行服务质量。实现国家开发银行政策性金融债在上海清算所常态化发行的突破性进展，"政金清发"品牌再添新军；推出债券做市支持业务和外币债券现券交易券款对付结算服务等配套业务。二是进一步丰富集中清算服务供给。开拓银行间利率衍生品发展新业态。依托清算托管业务强化期现联动，顺利完成标准债券远期首次实物交割。促进外汇市场高质量发展。丰富人民币外汇中央对手清算业务清算期限，延长外汇清算时间，拓展外汇双边集中清算服务结算功能，提升服务效能。丰富信用衍生品服务供给。将信用衍生品逐笔清算标的品种拓展至中资美元债和点心债；试点为逐笔清算的信用衍生品交易提供双边履约保障品管理服务，助力市场机构管理交易对手信用风险。

提升风险应对能力。一是保障生产运营不间断。启动疫情防控应急预案，实施办公场地互备、关键岗位 24 小时驻场值守等应急安排，实现同城双中心系统同步提供服务、双中心人员 7×24 小时值守，保障生产运营不间断、业务创新不停摆、市场服务不中断。二是优化业务风控体系。有序做好逐日盯市及风控测试，稳妥完成风控参数测算调整和风险资源计收，强化风险预警前瞻性和精准性，为监管提供决策参考。创新建立双边清算保证金计量标准工作机制，推动相关标准制定，获得监管机构高度认可；推出标准债券远期风险试算工具，提升市场机构风险计量的时效性、准确性和透明度。大力发展估值与指数服务。发布粤港澳大湾区、乡村振兴等16只债券指数，成功推出首只以上海清算所债券指数为标的的总收益互换产品，逐日完成30类7万余只固定收益产品估值定价，编制24条收益率曲线、6类65只债券指数等。三是促进金融法治建设。与上海金融法院密切合作，率先推动全国首例金融市场测试案例落地银行间市场，探索建立司法拍卖协助机制，助力丰富银行间市场法治供给。积极向全国人大法工委反映市场需求，成功推动场外衍生品终止净额纳入《中华人民共和国期货和衍生品法》（以下简称《期货和衍生品法》），服务衍生品市场高质量发展。

深化跨境业务合作。稳步推动"互换通"业务研发，有序做好系统上线准备，支持境外投资者便捷高效参与境内利率互换市场。拓宽跨境投融资渠道。成功推出全球首单欧元"玉兰债"并将其计价币种拓展至全币种，进一步提升服务能级；支持境外主体发行熊猫债，2022年办理48只共805亿元熊猫债发行登记。实现跨境监管认证新突破。成功获得欧盟"第三国中央对手方"认证，获得美国商品期货交易委员会（CFTC）不行动函延期和英国临时中央对手方资质，保障外资机构稳健、低成本参与银行间市场。深化同全球中央对手方协会、国际资本市场协会等国际行业协会及港交所集团、伦交所集团、伦敦清算所、欧清集团等机构的业务交流合作。

专栏15 上海清算所、中国外汇交易中心、香港交易所携手"互换通"合作

2022年7月4日，上海清算所与中国外汇交易中心、香港交易所集团旗下的香港场外结算公司签约暨"互换通"业务启动仪式在"债券通周年论坛2022"圆满举行。三方开展"互换通"合作，为境内外投资者提供衍生品交易、清算等服务。

"互换通"充分借鉴现行内地银行间债券市场对外开放的经验与模式：在交易端，通过外汇交易中心与沪港两地中央对手方清算机构（CCP）的直连；在清算端，通过创新的CCP互联机制。在协议规则、入市交易、清算结算、风险管理等多个环节，降低境内外投资者参与难度与复杂度。交易清算一体化机制安排为境内外投资者参与两地金融衍生品市场提供了更为便捷、高效的渠道。

"互换通"作为沪港两地债券市场基础设施互联互通的创新案例，有利于在"债券通"基础上进一步加强香港与内地金融市场的深度合作，便利国际投资者管理债券投资利率风险，进一步提高国际投资者在我国债券市场的参与度，持续培育更加开放友好的全球人民币资产配置场所，使上海国际金融中心建设迈向更高能级。

专栏 16　上海清算所支持我国柜台债券业务发展重大改革措施成功落地

2022 年 10 月，上海清算所支持浦发银行、中国银行作为柜台债券业务开办机构，先后推出全市场首单和国有大行首单试点面向中小金融机构和资管机构等合格投资者的存量债券柜台交易业务；11 月，支持国家开发银行成功发行全市场首单面向相关合格投资者的柜台债券产品，工商银行、农业银行、中国银行、建设银行、中信银行、浦发银行面向相关合格投资者成功分销该期柜台债券产品。

上述业务的落地，标志着继 2002 年《商业银行柜台记账式国债交易管理办法》支持个人和企业购买国债，2014 年中国人民银行公告增加政策性金融债、铁道债等券种，2016 年《全国银行间债券市场柜台业务管理办法》放开投资券种、丰富交易方式、扩大参与者范围、明确投资者适当性管理等制度之后，符合《全国银行间债券市场柜台业务管理办法》要求的机构投资者，正式实现了通过柜台渠道在一级市场发行认购、二级市场交易流通等环节全面参与银行间债券市场，柜台债券业务发展重大改革措施成功落地，多层次债券市场建设取得重要进展。

推出相关合格投资者通过柜台渠道投资和交易银行间市场债券业务，为相关合格投资者提供便利灵活的基础设施服务，有利于满足市场多样化、个性化投资配置需求，提升银行间债券市场的包容性和运行效率。本次改革措施在沪成功落地，是上海清算所作为在沪金融基础设施，携手发行人和开办机构贯彻落实中国人民银行有关加快推动柜台债券市场发展，建设完善债券托管、做市、清算、结算等多层次基础设施服务体系决策部署的有力举措。

专栏 17　上海清算所创新推出清算通供应链金融服务

2022 年 6 月，上海清算所基于大宗商品现货清算业务（以下简称清算通）打造的良好生态环境，协同华夏银行、上海银行以及相关现货平台创新推出了清算通供应链金融服务。

该服务以大宗商品产业链中小微实体企业为主要服务对象，具备基于真实贸易背景、主要依据物权和货值、全流程线上化的独特优势，能够有效克服传统线下融资业务面临的中小微企业主体信用不足、贸易背景及资金用途真实性难以把控等痛点难点，助力缓解中小微企业融资难融资贵问题，金融服务进一步向实体经济末梢延伸。

清算通供应链金融服务的创新推出，有助于提升服务实体经济和长三角高质量一体化发展的能级，持续加大对以中小微企业为主的实体经济直接融资支持力度，引导资金为落实国家重大战略部署和产业的发展赋能增效。

9. 银行卡

建设推广"云闪付网络支付平台"，以金融科技和清算底座助力银行数字化转型。2022 年，中国银联响应和落实人民银行电子支付"四方模式"的政策要求,基于转接清算职能,联合商业银行等产业各方持续打造"云闪付网络支付平台",通过输出核心移动支付能力,并持续开展平台功能优化、用户体验提升、内容场景开放、经营能力输出,助力商业银行提升金融服务质效。在平台建设方面,统筹兼顾银行灵活经营诉求和用户统一支付体验,聚焦核心支付功能,并升级支付卡智能推荐、支付密码互联互通、支付风控多手段校验等核心功能体验,用户可在"远程支付""扫一扫""收付款"等业务场景使用。同时,在线上受理侧建设银联线上收银台,建立发卡与收单、用户与商户的黏性连接,共同助力提升银行账户使用频率和支付市场份额。在场景内容开放方面,乘车码、充值缴费、车主生活、交通罚款、银联卡权益等优质内容陆续通过"云闪付网络支付平台"向合作银行 App 输出,拉动银行活跃用户提升及交易量增长。

联合商业银行通过不断推动卡产品创新、权益优化及联合营销,持续践行绿色金融、普惠金融。2022 年,中国银联助力商业银行提高金融服务质效,推动乡村振兴卡、绿色低碳卡、小微企业卡等特色产品发卡规模稳步增长,探索无界卡远程面签试点、优化乡村振兴卡权益服务、积极输出绿色低碳积分体系。截至 2022 年末,中国银联联合 36 家银行发行 79 款无界卡产品,数字化发卡突破 4 700 万张;联合 242 家商业银行累计发行乡村振兴卡超 6 000 万张,基本覆盖县乡市场,充分释放县域市场潜力;推动 27 家商业银行累计发行 33 款超过 150 万张绿色低碳卡产品;推动 39 家商业银行发行 50 款小微企业卡产品,累计发卡量超 3 000 万张,为深化小微企业金融服务提供有力支持。同时,中国银联与银行开展消费达标促活、价值客户促活等

深度营销合作,覆盖线上线下多场景、多类别商户、多种方式的联合营销,并基于大数据合作,为银行提供客群分析、用户分层、投放运营等全流程数字化营销增值服务,助力商业银行提升精细化用户经营能力。在上海,中国银联开展年度银联卡有奖用卡活动,联合 6 家银行在上海地区 18 家百联旗下商场开展营销活动,联合多家银行开展针对上海体育消费券的个性化营销活动,联动上海社保卡服务中心开展"三补一奖"活动,联合上海市总工会在云闪付设立工会卡专区等。

在对外开放方面,一是推动境外发卡与受理网络不断延伸。2022 年,境外多个市场相继解除疫情限制,推动消费与出行持续恢复,同时金融科技的发展加速经济和支付方式数字化转型。中国银联围绕境外本地化、数字化需求加快构建全球网络。截至年末,银联在境外 81 个国家和地区累计发卡超 2 亿张。其中塞尔维亚、赞比亚、赤道几内亚等多个市场在 2022 年实现本地银联卡发卡突破;泰国等多个"一带一路"共建国家的本地转接网络、国家支付卡系统与银联合作发行双品牌卡,将其本地卡品牌使用范围从一地拓展至全球银联网络。银联还积极推进境外市场本地化发卡创新和持卡人权益升级,如与中国工商银行(印度尼西亚)合作,发行当地首张人民币、美元、印尼卢比的银联三币种卡;向中银信用卡(国际)有限公司等中资银行开放权益平台,为持卡人提供出行、餐饮等高端权益。同时,银联持续扩大境外银行卡受理网络规模,2022 年线下受理网络已延伸至境外 180 个国家和地区,境外支持银联卡的商户数近 3 900 万户;银联二维码受理覆盖范围进一步扩大,累计在全球 40 余个国家和地区开通二维码受理,2022 年通过与韩国、斯里兰卡等国本地网络合作,境外二

维码受理终端数实现翻倍增长。

二是加快落地境外重点市场移动支付项目，扩大支付普惠覆盖面。在移动发卡端，2022 年，银联顺应市场发展需求，持续推动数字化发卡。欧洲实现银联移动发卡业务突破，越南首次落地银联手机 Pay 卡码合一业务，新西兰、柬埔寨等地落地 SaaS 钱包虚拟卡发卡项目。银联还在境外约 30 个国家和地区推动超 170 个电子钱包支持绑定银联卡，为当地居民提供基于银联卡的优质移动支付服务。在移动受理端，2022 年，银联积极建设境外"非接触"移动支付受理网络，注重与当地二维码网络互联互通。境外近 100 个国家和地区的超 1 300 万家商户支持银联移动支付服务，银联在线支付服务已拓展至 200 个国家和地区的 2 200 万线上商户。同时，银联持续将境内移动支付的技术、标准、市场经验应用于国际市场，已在境外提供云闪付、银联手机闪付、二维码钱包等多类移动支付产品，用户可享"一扫""一挥""一键"的多元支付体验，部分产品集成非接、二维码、In-App 支付，实现一部手机满足全场景支付需求。

三是持续助力境外国家和地区网络基础设施建设，提供技术方案及场景应用多方面支持。2022 年，银联积极参与"一带一路"共建国家的网络建设，不断强化数字化服务能力，并通过多个开放技术服务平台，为合作伙伴高效开发钱包产品、丰富应用场景提供支持。银联通过银联国际场景服务平台，将餐饮、缴费等领域积累的 40 余项数字支付解决方案与增值服务向移动钱包等合作机构开放，丰富其服务场景与内容，持续提升用户体验。

10. 人民币跨境支付业务

2022 年，人民币跨境支付系统（CIPS）累计处理支付业务 440.0 万笔，金额 96.7 万亿元，同比分别增长 31.7% 和 21.5%（见表 2-10）。其中，涉及债券通"北向通"资金结算 8.2 万笔，金额 8.1 万亿元，同比分别增长 14.4% 和 24.1%；债券通"南向通"人民币资金结算 2 062 笔，金额 5 194.1 亿元；"跨境理财通"业务 11 228 笔，金额 18.06 亿元。

2022 年，CIPS 新增直接参与者 2 家、间接参与者 99 家。截至 2022 年末，CIPS 已连接境内外 1 360 家银行和金融基础设施，包括 77 家直接参与者（其中，境内银行 34 家、境外银行 35 家、金融基础设施 8 家）和 1 283 家间接参与者（其中，亚洲 978 家、欧洲 188 家、非洲 47 家、北美洲 30 家、大洋洲 23 家、南美洲 17 家），覆盖全球 109 个国家和地区，系统实际业务可触达全球 181 个国家和地区的 4 000 多家法人银行机构。其中，302 家间接参与者来自"一带一路"共建的 49 个国家和地区（不含中国及港澳台地区）。

表 2-10 CIPS 历年业务情况

年份	工作日（天）	笔数（万笔）	同比增速（%）	金额（万亿元）	同比增速（%）
2015	62	8.7	—	0.5	—
2016	250	63.6	—	4.4	—
2017	249	125.9	97.9	14.6	233.7
2018	252	144.2	14.6	26.5	81.8
2019	250	188.4	30.6	33.9	28.3
2020	249	220.5	17.0	45.3	33.4

续表

年份	工作日（天）	笔数（万笔）	同比增速（%）	金额（万亿元）	同比增速（%）
2021	250	334.2	51.6	79.6	75.8
2022	249	440	31.7	96.7	21.5
累计	1811	1525.5	—	301.5	—

数据来源：CIPS。

跨境清算公司不断完善 CIPS 功能，提升金融基础设施服务效能，服务好国家金融双向开放和上海国际金融中心建设。2022 年 1 月，CIPS 港元客户汇款和金融机构汇款业务上线，为企业办理跨境港元汇款提供更安全、高效的资金清算渠道，更好支持债券通"南向通"。跨境清算公司持续开展跨境支付领域规则标准建设，深入参与金融标准国际治理，积极申请将 CIPS 报文加入 ISO 20022 报文库，弥补相关跨境人民币报文的空白，提升人民币在全球支付领域的话语权和上海国际金融中心标准建设"软实力"。2022 年 6 月，金融稳定理事会（FSB）发布报告，以专栏形式介绍了 CIPS 将 LEI 应用到跨境支付领域，并创新推出跨境创新服务终端机（CISD）纳入 LEI 和 ISO 20022 等金融数据交换标准的做法，反映出 CIPS 不仅与国际标准接轨，更为国际标准的制定和完善积极贡献中国智慧。

发挥 CIPS 特色数据要素作用，助力提升人民币跨境支付便利化水平。跨境清算公司通过数字科技赋能，创新推出以人民币跨境支付数据为特色的 CIPS 数据服务，涵盖跨境支付汇路指南、参考数据、跨境支付数据洞察等多项功能。其中，跨境支付汇路指南是基于真实的人民币跨境支付业务数据挖掘、联合 CIPS 参与者共同维护的全路径人民币跨境支付汇路信息数据库，覆盖全球 170 多个国家和地区的 3 800 多家银行机构，形成百万条汇路关系，包含汇路优选、汇路共建、报文填写助手、CIPS 参与者信息等功能的一站式服务。跨境支付汇路指南解决了人民币跨境支付业务开展过程中存在的汇路信息不全、分散、滞后、难以追踪等问题，有效提升了跨境支付业务办理效率和用户体验，降低了支付摩擦和业务成本。CIPS 数据服务上线以来，市场反响良好，各类用户可通过 App、Web、API 等多种方式灵活接入并使用。

专栏 18　自贸区金融改革稳步前行

上海自贸试验区成立十年来，在加快推进上海国际金融中心建设背景下，人民银行上海总部依托自贸区金融改革政策环境，积极推动跨境人民币业务改革创新，着力加强对实体经济的人民币跨境金融服务，为全方位金融开放积累经验、探索路径，当好人民币国际化先行者和改革开放排头兵。

一是大力推动人民币跨境金融服务，支持自贸区实体经济发展。经人民银行总行批准，上海总部于 2014 年 2 月发布试验区扩大人民币跨境使用实施细则，通过简化类、扩大类和新增类共 10 项举措率先拉开了自贸区跨境金融服务开放创新序幕。目前，扩大人民币跨境使用政策在试验区内取得较好效果，并已复制推广到海南、广东、深圳、天津等地。各项政策措施受到实体经济的广泛欢迎，区内经常项目和直接投资项下跨境人民币结算业务流程得到进一步简化，境外人民币借款、跨境人民币双向资金池和经常项目下人民币集中收付等创新业务稳步发展。

二是创建自由贸易账户体系，为金融改革开放创新提供安全的"监管沙盒"。为构建有利于风险管理的账户体系，经人民银行总行批准，上海总部于2014年5月发布"试验区分账核算业务实施细则和风险审慎管理细则"，并于同年6月正式启动试验区分账核算管理下的自由贸易账户业务。自由贸易账户在应对突发事件中发挥了积极作用。近年来受疫情等因素影响，部分企业经营困难、资金紧缺、汇路受阻，各分账核算单元充分利用两个市场资源，为企业解决融资困难的问题。自由贸易账户体系既为企业节省了成本，又能在突发情况下给企业注入"强心剂"，企业的"消费者剩余"得到极大提升，即企业通过自由贸易账户享有的汇兑、融资自主权和便利化以及依托自由贸易账户开展自贸区集成式金融改革创新所带来的改革红利和预期收益等隐性的综合效益得到提高。

三是积极开展分账核算境外融资试点，探索全口径跨境融资宏观审慎管理方法。经人民银行总行批准，上海总部于2015年2月发布"试验区分账核算业务境外融资实施细则"，并正式启动自贸区分账核算业务境外融资试点。以资本约束机制为基础的本外币一体化、统一的境外融资新模式极大地释放了服务实体经济的红利，同时构建全新的风险管理机制，基本实现了"鼓励企业充分利用境内外两种资源、两个市场，实现跨境

融资自由化"的目标。以上海自贸区分账核算境外融资实践为蓝本，人民银行总行推出了跨境全口径融资宏观审慎管理，并推广至全国范围。

四是支持区内金融及要素市场依托自由贸易账户对外直接开放，提升跨境金融服务便利性。依托自由贸易账户探索实现区内金融及要素市场对境外合格投资者的开放。2014年9月，黄金交易国际板依托自由贸易账户正式上线运行，实现黄金市场对境外合格投资者的开放，境外直参会员70余家；2016年12月，上海市政府以"区内＋境外"同步发行的方式发行首单30亿元自贸区市政债，外资银行首次参与债券的承销。2019年11月，南京东南国资投资集团有限责任公司中债登自贸分账系统发行10亿元的首单全球自贸区公司债。这些债券募集资金为人民币，有利于降低企业融资成本、规避汇率风险，同时为吸引全球发行人及投资者参与自贸区金融改革创新、拓展跨境人民币业务作出有益尝试。

依托自由贸易账户，探索在上海自贸区率先形成宏观风险可控的要素交易市场。2015年，上海清算所依托自由贸易账户，陆续开展自贸区铜溢价掉期、自贸区乙二醇进口掉期中央对手清算业务；上海清算所联合浦发银行等机构，依托自由贸易账户开发自贸区大宗商品现货交易平台，在自贸区探索实现大宗商品现货交易的开放；上海保险交易所建立跨境再保险业务平台。依托自由贸易账户，对接"一带一路"建设需求中的跨境金融服务方案。通过"FTE＋FTN"的方式为企业参与"一带一路"建设提供相应的跨境金融服务，让企业可以在其熟悉的国内金融机构的支持下更好地走出去开展经营活

动。同时，这一模式也为金融机构提供了较好的贷后管理抓手，避免了贷款资金一次性汇款出境就脱离金融机构持续性服务管理的局面。

五、政策支持与金融监管

（一）政策支持

科创板持续完善资本市场基础制度。2022年5月13日，证监会发布《证券公司科创板股票做市交易业务试点规定》。6月10日，上交所发布实施《上海证券交易所科创板发行上市审核规则适用指引第7号——医疗器械企业适用第五套上市标准》。科创板第五套上市标准增强了对"硬科技"企业的包容性，支持处于研发阶段尚未形成一定收入的企业上市。10月31日，首批科创板做市商正式开展科创板股票做市交易业务。截至2022年末，科创板已上市企业501家，累计首发募集资金7 600亿元，总市值5.8万亿元。

科创金融改革试验区、科技保险创新引领区落地。经国务院同意，2022年11月18日，人民银行、发展改革委、科技部、工业和信息化部、财政部、银保监会、证监会、外汇管理局印发《上海市、南京市、杭州市、合肥市、嘉兴市建设科创金融改革试验区总体方案》，长三角五城市科创金融改革试验区成功落地。此外，银保监会与上海市政府2022年7月21日联合发布《中国（上海）自由贸易试验区临港新片区科技保险创新引领区工作方案》，为临港新片区率先全面深化保险改革创新提供重要支撑。

金融市场互联互通再上新台阶。2022年1月20日，全国银行间同业拆借中心、上交所等联合发布《银行间债券市场与交易所债券市场互联互通业务暂行办法》，境内债券

市场互联互通机制建设取得重大进展。7月4日，中国人民银行、香港证券及期货事务监察委员会、香港金融管理局决定同意中国外汇交易中心、银行间市场清算所股份有限公司和香港场外结算有限公司开展香港与内地利率互换市场互联互通合作（"互换通"）。"互换通"在"债券通"基础上进一步加强香港与内地金融市场的深度合作，便利国际投资者管理利率风险，提高国际投资者在我国债券市场的参与度，培育更加开放友好的全球人民币资产配置场所。

跨境贸易投资高水平开放外汇管理改革试点落地。2022年1月28日，外汇管理局上海市分局印发《中国（上海）自由贸易试验区临港新片区开展跨境贸易投资高水平开放外汇管理改革试点实施细则》。资本项目高水平开放政策涉及多个领域外汇改革，经常项目高水平开放试点政策面向上海辖内符合条件的银行和所有临港新片区内注册企业，支持临港新片区在更深层次、更宽领域实现高水平开放。

《上海市浦东新区绿色金融发展若干规定》颁布实施。该规定是自2021年6月全国人大常委会授权上海市人大及其常委会制定浦东新区法规以来，上海市首次运用立法变通权在金融领域的一次有益尝试，于2022年7月1日颁布实施。这一法规将推动浦东新区绿色金融创新发展，为浦东新区打造社会主义现代化建设引领区提供强有力的法治保障，同时将助力上海加快打造国际绿色金融枢纽，进一步提高国际金融中心核心竞争力，促进经济社会发展全面绿色转型。

上海启动普惠金融顾问制度。2022 年 9 月 21 日，上海普惠金融顾问制度正式启动。上海已成立普惠金融顾问制度联席会议，组建了以金融专家为主、产业专家为辅的普惠金融顾问专家和服务团队，提供专业化的金融人力资源支撑，精准支持"3+6"等重点产业和广大中小微企业等市场主体融资诉求。建立普惠金融顾问制度旨在畅通服务渠道，推动金融政策直达、金融服务直达，是上海增强金融服务的普惠性、践行人民城市理念、精准支持实体经济的有益尝试。

（二）金融监管

2022 年，上海银保监局积极推进金融创新支持国家战略。一是持续提升长三角一体化发展金融服务质效。牵头协调苏、浙、皖、甬四地银保监局联合印发长三角跨省（市）协同授信制度。与一体化示范区联合印发加快发展科创金融实施意见和绿色银行分支机构建设指引。与长三角 G60 科创走廊联合印发稳链保供循环畅通专项行动方案，为一体化示范区、G60 科创走廊建设提供各项监管服务支持。二是持续推进临港新片区金融改革创新。与临港新片区共建科技金融创新试验基地，在临港新兴金融大会上揭牌成立。扩大科技企业员工持股贷款试点，制定配套管理制度，确保改革探索行稳致远。三是积极推进浦东引领区金融改革先行先试和国际金融中心建设。就浦东打造综合改革试点平台有关内容与银保监会相关部门沟通，争取支持。向银保监会争取在浦东设立银团贷款跨境转让平台、允许银行开办自贸区企业债承销业务等增量政策。

推进监管数字化工程建设。监管数字化"一号工程"顺利完成第一阶段建设，上海银保监局数据仓库和驾驶舱初步建成。现场检查、信访投诉等业务流程线上化取得新进展。保险"一表通"、数据资产管理系统等数字化基础工作攻克诸多难点。RPA、BI、NLP、OCR 等科技工具应用于多个监管场景，建设知识图谱（KG）平台，深入应用图技术，风险识别能力明显提高。探索央地协同防控风险机制，与临港新片区联建"金融风险监测系统"项目立项。探索机构"可信区"建设并试点反向赋能机构。

深入推进上海国际再保险中心建设。2022 年，上海银保监局与相关部门联合召开上海国际再保险中心建设推进会暨推进机制成立仪式，签署《关于共同推进上海国际再保险中心建设的合作备忘录》，共同牵头成立再保险中心建设协调小组，全力推进国际再保险业务平台建设。在银保监会指导下，联合相关部门于 8 月 1 日召开国际再保险业务平台建设启动会，成立专项工作组，按照平台建设实施方案，打造国际再保险业务集中登记、交易、清算的统一大市场。

支持解决集成电路"卡脖子"问题。上海银保监局指导和推动集成电路共保体（以下简称集共体）探索保险服务集成电路产业高质量发展新路径。借鉴国际先进经验，加强科技应用，研究形成包括风险量化评估标准和模型在内的行业风险防控体系。梳理升级相关保险产品，开发支持国产可替代需求的创新产品，建立集共体专属产品体系。推动研究出台支持集成电路保险和集共体发展的财政政策。经中国银保监会授权，指导集共体开展危险单位划分指引细则试点，显著提升对重资产项目的承保能力，降低国际市场依赖度。强化集共体业务运营、信息统计、创新实验室和专家库运行等制度体系建设，坚持市场化原则和合作共赢理念，稳固集共体运行新模式。已为 17 家客户提供保险保障超过 1 万亿元，提供风控减损等高质量保险服务，有效缓解集成电路保险"卡脖子"难题。

创新推动建立科技保险发展新机制。成功设立并积极推进临港科技保险创新引领区建设。在中国银保监会和上海市政府的支持下，上海银保监局与临港新片区管委会联合召开中国（上海）自由贸易试验区临港新片区金融业全面支持科技企业创新发展大会，正式对外发布《上海自贸试验区临港新片区科技保险创新引领区工作方案》。明确组织领导，明晰任务分工、责任部门和工作要求，为推进临港科创引领区建设夯实基础。持续推进集共体、海上风电共保体、智能网联车、网络安全保险等具体科创保险研究及服务。

持续打造"沪惠保"精品工程。2021 年 4 月 27 日推出的城市定制型商业医疗保险"沪惠保"，首年产品的参保人数超过 739 万人，理赔超 7 亿元，入选上海市"创新社会治理深化平安建设"优秀案例，切实提高了人民群众的获得感、幸福感和安全感。"沪惠保"首年产品保障期限于 2022 年 6 月 30 日到期，上海银保监局与市医保局指导"沪惠保"共保体正式上线"沪惠保（2022 版）"，产品保障责任升级，惠民力度持续增强，持续打造"沪惠保"精品工程。截至 2022 年末，"沪惠保"两期产品为 1 392 万人次提供补充医疗保障，减轻医疗费用负担近 9.4 亿元。

持续构建航运保险国际化新环境。继续优化航运保险中心营商环境，上海银保监局会同市地方金融监管局、市财政局召开新一轮上海国际航运保险财政扶持政策解读会议并开展航运保险财政补贴申报工作，22 家保险机构共享受扶持金额 3 921 万元。协调推动临港新片区管委会出台关于航运保险机构和业务发展支持政策，并做好机构落户相关支持工作。

全力维护证券业及市场平稳有序健康发展。一是防范和化解重大金融风险。上海证监局充分利用金融委办公室地方协调机制等，加强风险预研预判和关键风险信息的及时互通。上海资本市场风险整体可控，债券违约、私募基金、股票质押等重点领域风险总体呈收敛态势，已发生的个案风险均在稳步推进解决。先后推动 5 家债券发行人共 25 只债券产品（含资产支持证券）完成展期，金额累计达 169 亿元，年内未新增债券违约风险。深入推进私募基金分类整治工作，推动一批失联、经营异常等"僵尸"私募"双出清"或消除经营异常情形。推动 2 家上市公司平稳退市。结束国盛期货接管。稳妥配合安信信托风险化解。

二是"零容忍"打击违法违规行为。全年查办证券期货违法违规案件 52 件[1]，审结 25 件。作出行政处罚决定 53 份，同比增长 89%。案件查办时限、审理时限同比分别下降 26% 和 30%。查办央批"专网通信"案件 2 件。处罚证监会首单未经批准委托管理期货公司股权案、首单公募基金管理公司私募业务违规案。1 件案件入选证监会等四部门联合发布的依法从严打击证券犯罪典型案例。

三是持续加强诚信及法治环境建设。充分发挥桥梁组带作用，配合市金融局做好浦东立法需求调研工作。支持出台《上海市浦东新区绿色金融发展若干规定》。支持《上海市推进国际金融中心建设条例》修订。深化协作机制，推动出台《上海市关于依法从

---

[1] 统计口径由提前介入、线索核查、初查、立案案件调整为初查及立案案件。

严打击证券违法活动的方案》，与市高院联合发布"关于贯彻落实《关于适用＜最高人民法院关于审理证券市场虚假陈述侵权民事赔偿案件的若干规定＞有关问题的通知》加强协作的若干意见"，与市检察院签署《关于加强资本市场执法司法协作、完善资本市场法治建设的协作意见》，与人民银行上海市分行、市检察院等单位联合建立上海市打击治理洗钱违法犯罪工作机制。推进《期货和衍生品法》学习宣传落实，指导上海市期货同业公会举办 4 期系列专题讲座。

四是落实抗疫纾困政策举措。积极参与制定出台《上海市全力抗疫情助企业促发展的若干政策措施》《上海市加快经济恢复和重振行动方案》。指导上海证券、期货、基金 3 家行业协会发布《关于上海证券期货基金行业进一步做好疫情防控和服务经济发展工作有关事项的通知》。配合推动上海市普惠金融顾问制度落实落地，联合印发《上海市普惠金融顾问制度实施办法（试行）》《上海市普惠金融顾问制度战略合作协议》等配套文件。

五是积极支持上海国际金融中心与自贸区新片区建设。支持临港新片区企业利用资本市场融资发展，扎实做好辅导验收、政策宣传、风险监测等日常监管服务工作。鼓励证券期货基金经营机构、私募基金管理人落户临港新片区，就近提供专业金融服务。指导设立上海资本市场人民调解委员会临港调解工作室，积极探索建立跨境投资者纠纷调解机制。临港集团成功落地上海首单跨境离岸人民币权益融资产品，发行规模 6 亿元。国泰君安临港创新智造产业园 REIT 发行上市，首次引入境外机构投资者参与战略配售。上海临港国泰君安科技前沿产业私募基金合伙企业（有限合伙）注册成立并完成备案，

首期规模 80 亿元。临港新片区有 16 家上市公司和新三板挂牌公司，15 家证券经营机构、11 家期货公司风险管理子公司、354 家私募基金管理人、16 家律师事务所同城分所。

六、国际金融中心建设推进情况

2022 年，上海金融业统筹疫情防控和经济社会发展，保持金融市场和金融基础设施平稳运行，加大力度支持企业复工复产和经济重振，在推动经济发展的同时进一步提升上海国际金融中心建设能级。全年上海实现金融业增加值 8 626.3 亿元，同比增长 5.2%。在沪主要金融要素市场合计成交 2 933.0 万亿元，同比增长 16.8%。金融市场直接融资额 17.4 万亿元，同比减少 4.7%。

（一）金融改革开放深入推进

自贸试验区和临港新片区金融先行先试不断加快。认真落实《中共中央 国务院关于支持浦东新区高水平改革开放打造社会主义现代化建设引领区的意见》，推进国际金融资产交易平台建设，全国性大宗商品仓单登记注册中心正式挂牌。临港新片区开展跨境贸易投资高水平开放外汇管理改革试点落地。再保险"国际板"建设规划方案发布。第 11 批自贸试验区金融创新案例发布。资本市场跨境投融资更加便利。沪港开展"互换通"合作。B 股上市公司跨境转换港交所上市顺利落地，互联互通全球存托凭证机制从英国拓展至瑞士、德国，ETF 纳入内地与香港股票市场交易互联互通机制，高水平制度型开放持续提质增效。《银行间债券市场与交易所债券市场互联互通业务暂行办法》发布，境内债券市场互联互通机制建设取得重大进展。金融业务产品创新加快。中证 1000 股指期货和期权、中证 500ETF 期权、上证 50 股指期

权、保障性租赁住房 REITs 项目等一批重要金融产品和业务推出。重点金融机构集聚发展。全国已批设的 3 家新设外商独资公募基金、5 家外资控股合资理财公司，以及超过一半的新设外资控股券商都选择落户上海。上海资产管理协会成立，QFLP 和 QDLP 试点机构分别达 86 家和 59 家。

（二）金融服务体系持续完善

一系列金融助企纾困政策实施见效。抗疫助企"21 条"、经济恢复重振"50 条"、新一轮稳增长"22 条"以及金融惠企纾困"17 条"和"14 条"等重要举措出台，有力支持疫情防控和经济恢复重振。金融机构加大对重点领域和薄弱环节的信贷投放，实际贷款利率继续下行，12 月上海企业贷款加权平均利率为有记录以来的历史低位。普惠金融深入发展。上海普惠金融顾问制度启动，首批普惠金融顾问专家 89 名、服务团队 94 个。大数据普惠金融应用持续深化，累计服务企业约 46.8 万家，为 3 182 亿元信贷服务提供数据支持。国际绿色金融枢纽加快打造。《上海市浦东新区绿色金融发展若干规定》颁布实施。上海碳普惠体系逐渐完善，落地多笔首单碳金融业务。

（三）金融与科技加速融合

科创投融资体系建设加快推进。经国务院同意，人民银行等八部门出台《上海市、南京市、杭州市、合肥市、嘉兴市建设科创金融改革试验区总体方案》。银保监会与上海市政府联合发布《中国（上海）自由贸易试验区临港新片区科技保险创新引领区工作方案》。科创板功能不断提升。科创板持续完善资本市场基础制度，首批科创板做市商正式开展科创板股票做市交易业务。截至

2022 年末，科创板已上市企业 501 家，累计首发募集资金 7 600 亿元，总市值 5.8 万亿元。金融数字化转型深入推进。资本市场金融科技创新试点首批项目正式推出，金融科技创新监管工具实施不断深化，数字人民币创新特色应用场景更加丰富。

（四）金融风险防控能力不断增强

地方金融监管制度体系进一步完善，全市地方金融监督管理信息平台有效运行。强化市金融稳定协调联席会议机制和国务院金融委办公室地方协调机制（上海市）的信息共享和重大事项沟通，健全市金融稳定协调联席会议工作机制。精准施策推动重点领域和重点个案风险处置，牢牢守住不发生区域性系统性金融风险底线。

（五）金融营商环境进一步优化

国际金融人才高地和金融营商环境高地建设有序推进。加强国际宣传推介和联系沟通，深化境内外金融交流合作。做好金融机构和金融人才服务。《上海金融创新奖评审和组织实施办法》印发。深化"放管服"改革，落实"一网通办""一网统管"要求。在工信部发布的中小微企业发展环境评估中，上海市连续两年融资环境排名全国第一。

七、金融消费权益保护工作情况

（一）投诉受理

完善应急预案、强化应急演练，全力保障疫情期间 12363"暖心热线"不断档、服务不停歇。持续畅通金融消费者诉求表达、利益协调、权益保障渠道，压实金融机构投诉处理主体责任，密切关注金融消费者集中反映的投诉咨询事项，及时回应群众关切。持

续完善投诉监测分析系统功能，强化投诉监测数据分析应用。加大对金融机构投诉数据质量的监测力度，加强风险研判、预警。结合《非银行支付机构条例》制定有序推进非银行支付机构投诉分类标准建设。开展投诉管理人工智能应用研究，开发智能化分析工具。深入推进金融纠纷多元化解机制建设，持续深化长三角地区金融消费纠纷非诉解决机制多层次、多领域合作，指导长三角地区金融消费纠纷调解组织合作机制召开第一次联席会议。指导上海市金融消费纠纷中心与临港新片区管理委员会、临港新片区经济发展有限公司续签《入驻临港新片区法律服务中心的合作协议》。

（二）监督检查

依法合规开展金融消费者权益保护执法检查和评估工作。严格按照人民银行执法检查、行政处罚相关规定和实施细则，重点围绕群众反映强烈的金融消费者权益保护领域违法违规行为，稳妥有序开展人民银行上海总部综合执法检查项目消保条线相关检查和处罚工作。进一步完善消保评估实施程序，并不断加强评估结果运用，发挥好评估的柔性监管作用。继续做好常态化监管工作，依法合规稳妥有序办理人民银行职责范围内的消保领域投诉举报事项，及时约谈相关违规金融机构，督促其认真整改，切实保护金融消费者合法权益。持续规范金融营销宣传行

为。依托金融广告监测系统，2022 年共监测处置疑似违法违规金融营销宣传线索 193 条次。指导部分在沪网络金融平台优化金融广告模式。

（三）金融消费者教育

持续开展金融消费者教育，提升上海市民金融素养。深入开展集中性金融知识普及活动，组织上海市相关金融机构开展 3 月"金融消费者权益日"和 6 月"普及金融知识　守住'钱袋子'"活动，联合上海银保监局、证监局、市网信办和市地方金融监管局组织开展 9 月"金融知识普及月　金融知识进万家　争做理性投资者　争做金融好网民"活动，不断增强社会公众的金融风险意识和自我保护能力，持续提升上海市居民金融素养。充分发挥数字渠道宣传教育优势。通过官网、官微、视频号、网点电子宣传设备等渠道，发挥"非接触式"宣传网络优势，多维立体传播金融好声音，扩大金融知识普及覆盖面和受益面。稳妥推动金融教育示范基地建设。按照人民银行总行关于开展金融教育示范基地建设试点工作有关要求，积极培育具有示范效应和影响力的金融教育基地，常态化开展金融知识普及和风险教育工作。组织开展上海市消费者金融素养问卷调查，完成《2021 年上海市消费者金融素养调查分析报告》，结果显示，上海消费者金融素养指数为 70.80。

专栏 19　发展新时代"枫桥经验"推动金融消费纠纷多元化解机制建设

2022 年，上海市金融消费纠纷调解中心（以下简称中心）在中国人民银行上海总

部的指导下，坚持以人民为中心的发展思想，创新和发展新时代"枫桥经验"，以专业促

发展，积极推动金融消费纠纷多元化解机制建设。

一是大力开展调解工作，助力纠纷快速解决。中心通过在线调解平台、邮件、电话、微信等多种方式受理当事人申请及法院委托委派案件，2022 年累计完成调解 7 643 件，比上年增加 2 127 件，增长 38.56%。12 月，中心加入的上海多元化解矛盾纠纷服务信息化平台的"解纷一件事"平台，可以通过"随申办""一网通办"接收市民的调解申请，中心的受理渠道更为丰富、便捷。

二是稳步推进评估业务，巧妙化解疑难纠纷。中心 2022 年累计收到各金融机构评估申请 100 件，受理评估案件 91 件，是上年受理量的 2 倍；累计邀请专家出具评估书 /评估意见书 80 份，比上年增加 42 份，增长 87.5%。涉及金融机构 11 家，包含银行总行、分行、信用卡中心和非银行支付机构等，帮助更有效地解决疑难纠纷，在定分止争、终结投诉方面起到积极作用。

三是强化科技赋能，化解疫情期间解纷难题。中心持续优化在线调解平台功能，为全国调解组织线上调解提供技术支持，尤其是为疫情防控期间在线调解发挥了重要作用。中心持续为全国金融消费纠纷调解组织进行网上调解、"总对总"在线诉调对接提供技术支持。2022 年在线调解平台新增接

入来自 6 个省份的 18 家调解组织，各调解组织全年累计通过在线调解平台受理调解 23 038 件，调解结案 13 513 件，是上年的 2.34 倍；受理"总对总"在线诉调对接法院委派案件 803 件，结案 790 件。

四是服务国家战略，共建区域金融法治环境。在建设临港新片区方面，中心与临港新片区管理委员会续签了《入驻临港新片区法律服务中心的合作协议》，并积极履行责任，组织召开临港新片区金融消费纠纷调解工作座谈会、调处技能培训会，开展"金融知识进校园"活动，积极开展溯源治理，全面助力临港新片区的法治化营商环境建设。在长三角一体化发展方面，中心 2021 年底与浙江、江苏、安徽、宁波金融纠纷调解组织共同签署《长三角地区金融消费纠纷调解组织合作机制框架协议》，以助力长三角金融消费纠纷调解合作机制建设。2022 年，中心作为合作机制秘书处和首轮轮值主席，全面推进该合作机制的落地实施。中心组织了合作机制首次联席会议、长三角地区金融消费纠纷调解技能线上培训、调解典型案例研讨会、线上联合党建活动、长三角地区金融知识普及联合宣教以及长三角地区"金调之星"评选活动等，促进长三角金调组织互联互通，形成工作合力，共享调解资源。

八、法制建设情况

2022 年，面对风高浪急的国际环境和艰巨繁重的国内改革发展任务，上海国际金融中心建设继续向着具有全球影响力的目标砥砺前行。根据 2022 年新华·国际金融中心发展指数，上海连续三年跻身前三，上海国际金融中心的创新实力和话语权也与日俱增，

金融中心与科创中心联动效应持续增强，国际绿色金融枢纽建设取得积极进展，金融法治环境日益完善。

（一）金融立法完善

1. 国家金融立法的完善
《期货和衍生品法》颁布并实施。2022

年 4 月 20 日，第十三届全国人大常委会第三十四次会议表决通过《期货和衍生品法》（中华人民共和国主席令第 111 号令颁布），自 2022 年 8 月 1 日起施行。期货市场作为金融市场的重要组成部分，《期货和衍生品法》的出台填补了金融立法空白，在总结历史经验和借鉴国际惯例的基础上，就期货及衍生品市场中各参与主体的法律定位及行为规范作出一系列制度安排。《期货和衍生品法》明确交易者享有知情权、查询权和信息保密等权利，根据交易者财产状况、金融资产状况、交易知识和经验、专业能力等因素，将交易者分为普通交易者和专业交易者，并侧重对普通交易者的保护，明确交易者与期货经营机构发生纠纷后，期货经营机构应当证明其行为的合法性，如果不能证明，应当承担相应的赔偿责任。《期货和衍生品法》健全了监管、行政处罚、民事赔偿等各项制度，丰富期货纠纷的解决机制，引入调解制度，明确民事赔偿责任优先承担，建立期货交易者国家保障基金。严厉打击操纵市场、内幕交易、虚假陈述或信息误导等扰乱市场秩序的行为，加大提高罚没款金额等惩处力度，加重违法违规行为的代价，维护市场秩序。

《金融稳定法（草案）》提请审议，风险处置制度框架逐步形成。2022 年 4 月，人民银行会同发展改革委、司法部、财政部、银保监会、证监会、外汇管理局等部门起草了《中华人民共和国金融稳定法（草案）》，向社会公众征求意见；2022 年 12 月 27 日《金融稳定法（草案）》首次提请十三届全国人大常委会审议。《金融稳定法》的立法目标是防范化解重大金融风险、提升金融法治水平，建立健全金融稳定长效机制。《金融稳定法（草案）》着重在金融风险防范、化解、处置等环节强化法律制度安排，确立了以市场化、法治化手段化解和处置金融风险的基本原则，建立金融稳定发展统筹协调机制，突出市场配置资源作用，强化"自救"制度，厘清金融机构主体责任、中央地方权责、风险处置资金来源以及风险处置工具等诸多重大问题。针对在包商银行、安邦保险等案中行业救助基金的大规模使用所引发的风险处置策略可持续性的担忧，《金融稳定法（草案）》提出设立金融稳定保障基金，将其定位于由中央掌握的应对重大金融风险的"总预备队"，创造性地为风险处置的后续工作引入增量资源。金融稳定保障基金在 2022 年 3 月被纳入政府工作报告，并实现首批 646 亿元资金初步积累。此外，保险保障基金、信托保障基金作为行业基金相继迎来对其管理办法的修改征求意见稿。

《银行业监督管理法》修订。中国银保监会持续推动《银行业监督管理法》修订工作，2022 年 11 月《银行业监督管理法（修订征求意见稿）》向社会公开征求意见。该法修订以防范化解金融风险、提高监管有效性为总体目标，以弥补监管短板、加大监管力度、明确监管授权为着力点，着力解决银行业监管工作面临的突出问题，更好发挥法治固根本、稳预期、利长远的保障作用，切实提高金融治理体系和治理能力现代化水平。这次修订的重点有三个：一是保障权益。完善审慎监管规则，加强行为监管，切实保护金融消费者合法权益。二是加大打击。坚持依法监管的基本原则，努力实现监管全覆盖，加大对股东、实际控制人违法违规行为的打击力度。三是强化应对。健全风险处置机制，完善早期干预制度，丰富风险处置措施，提升风险处置效率。

《金融基础设施监督管理办法（征求意见稿）》发布。人民银行于 2022 年 12 月公布《金融基础设施监督管理办法（征求意见稿）》并公开征求意见。其用列举方式阐述金融基础设施，即指金融资产登记存管系统、清算结算系统（含开展集中清算业务的中央对手方）、交易设施、交易报告库、重要支付系统、基础征信系统六大类型。值得注意的是，该办法中引入"金融基础设施运营机构"这一概念，金融基础设施是由参与者构成的金融"系统"，运营机构指的是负责"建设、运营和维护"该系统市场运行的主体，这与国际监管规则中对于金融基础设施（FMI）的理解相契合。随着我国金融市场的快速发展，相关规范已经涵盖全国性、区域性市场和互联网金融新业态的多层次的金融基础设施。

《企业集团财务公司管理办法》修订并实施。经 2022 年 7 月 29 日公开征求意见，中国银保监会于 2022 年 10 月 16 日正式发布《企业集团财务公司管理办法》（银保监会令 2022 年第 6 号），自同年 11 月 13 日起实施，为企业集团财务公司的高质量发展提供更为扎实的制度保障。该办法修订完善的主要内容如下：一是调整市场准入标准，明确跨国集团可直接发起设立外资财务公司；二是优化业务范围和实施分级监管，进一步强化其主责主业，专注服务集团内部，回归服务实体经济本源；三是增设监管指标和加强风险管控，增设和优化监管指标，加强财务公司对外业务监管，督促财务公司提升对外业务风险的识别、预警和处置水平；四是加强公司治理和股东股权监管，加强具有财务公司特色的公司治理建设，提升财务公司法人独立性。《企业集团财务公司管理办法》的重大修订体现了监管机构对财务公司持续强监管、严监管的监管理念导向，为财务公司的内部公司治理、风控体系建设、合规体系建设等指明方向，对于加强企业集团财务公司监管、推动行业高质量发展、进一步提升服务实体经济质效具有重要作用。

2. 上海地方金融立法的完善

《上海市浦东新区绿色金融发展若干规定》发布施行。2022 年 6 月 22 日，上海人大常委会通过《上海市浦东新区绿色金融发展若干规定》（以下简称《若干规定》），自同年 7 月 1 日起施行。该地方立法旨在提升浦东新区绿色金融服务水平，促进绿色金融和普惠金融、科创金融的融合发展，推进上海国际金融中心核心区建设，打造上海国际绿色金融枢纽，加快经济社会发展全面绿色转型，促进生态文明建设。《若干规定》明确，支持金融机构、金融基础设施机构、相关交易场所等为碳密集型、高环境风险的项目或者市场主体向低碳、零碳排放转型提供金融服务。支持国家金融管理部门在沪机构结合浦东新区产业实际和区域特征，制定补充性转型金融标准、分类和管理规则。支持符合条件的境内外机构发起设立为改善生态环境、应对气候变化、资源节约高效利用等经济社会活动提供金融服务的银行、证券、保险、基金、信托等金融机构。支持世界银行、亚洲开发银行、亚洲基础设施投资银行等为绿色项目提供投融资和技术服务，发挥新开发银行总部效应，推动绿色金融国际合作项目在浦东新区落地。《若干规定》要求，发挥中国（上海）自由贸易试验区及其临港新片区跨境资金流动先行先试优势，为绿色企业提供更便利的跨境投融资服务。支持开展绿色信贷业务，探索形成供应链融资的绿色标准，完善绿色债券各个环节工作，支持建立绿色保险产品服务平台和环境污染责任保险信息管理平台，支持开展绿色信托业务，为绿色投资主题基金提供便利。鼓励对绿色低碳技术成果转化和应用开展投贷联动业务，为开展绿色项目融资的中小微企业加大担保支持力度。《若干规定》提出，推动金融机构成为上海环境能源交易所的直接交易主体，推动依法参与创设、交易碳衍生品等相关业务，市场主体可以办理有关环境权益担保登记。

《上海市浦东新区完善市场化法治化企业破产制度若干规定》实施。2022年1月1日，上海市人大常委会通过的《上海市浦东新区完善市场化法治化企业破产制度若干规定》正式施行。为进一步贯彻该地方立法，持续深化供给侧结构性改革，助推打造法治化营商环境，同时护航浦东打造社会主义现代化建设引领区，1月7日，浦东新区人民法院破产审判庭正式揭牌成立，破产庭将主要审理除金融机构外，企业住所地位于浦东新区、中国（上海）自由贸易试验区临港新片区的强制清算与破产案件、相关执行转破产案件及衍生诉讼案件，助力营商环境优化。

市政府出台疫情后经济恢复政策强调金融支持稳增长。继《上海市加快经济恢复和重振行动方案》（沪府规〔2022〕5号）后，上海市政府又发布《上海市助行业强主体稳增长的若干政策措施》（沪府规〔2022〕12号），要求优化中小微企业贷款风险补偿机制。落实国家设立中小微企业和个体工商户贷款风险补偿基金要求，推动建立完善上海金融服务小微企业敢贷愿贷能贷会贷长效机制，安排中小微信贷奖补专项资金，扩大信贷风险补偿对象范围，对在沪银行申报的符合条件的普惠小微贷款以及符合条件的中小企业贷款产品"应纳尽纳"；降低信贷风险补偿门槛，将一般行业企业的不良率补偿下限门槛统一下调至0.8%，将符合条件的上海市重点行业企业的不良率补偿下限门槛进一步下

调至0.5%。提高信贷风险补偿比例，对不良率3%以下部分的不良贷款净损失，补偿比例不低于25%；对不良率3%～5%部分的不良贷款净损失，补偿比例不低于55%。要求加大普惠金融为企服务力度，开展普惠金融顾问试点，建立以金融专家为主、产业专家为辅的普惠金融顾问专家库，由普惠金融顾问组成普惠金融服务团队，更好服务受疫情影响的困难行业。

（二）金融监管加强

1. 银行业监管

2022年1月10日，银保监会发布《银行保险机构关联交易管理办法》（银保监会令2022年第1号），全面完善关联方、关联交易、关联交易的内部管理、报告和披露、监督管理等方面的内容，对管理机制、穿透识别、资金来源与流向、动态评估等提出具体要求。11月28日，银保监会印发修订的《银行保险机构公司治理监管评估办法》（银保监规〔2022〕19号），推进银行保险机构公司治理分类监管。12月26日，银保监会发布《银行保险机构消费者权益保护管理办法》（银保监会令2022年第9号），体现"源头治理"的监管理念，要求银行保险机构推出新产品和服务或者现有产品和服务涉及消费者利益的条款发生重大变化时开展审查。

2022年4月28日，银保监会发布《关于规范和促进商业养老金融业务发展的通知》（银保监规〔2022〕8号），对商业养老金融的业务规则作出原则性规定。银保监会和人民银行发布《关于开展特定养老储蓄试点工作的通知》（银保监办发〔2022〕75号）。银保监会发布《关于印发商业银行和理财公司个人养老金业务管理暂行办法的通知》（银保监规〔2022〕16号），明确商业银行和理

财公司个人养老金业务的范围和要求。6 月 1 日，银保监会发布《银行业保险业绿色金融指引》（银保监发〔2022〕15 号），首次在其监管规范中全面提出 ESG 要求。7 月 12 日，银保监会发布《关于加强商业银行互联网贷款业务管理　提升金融服务质效的通知》（银保监规〔2022〕14 号），进一步规范互联网贷款业务，延长过渡期，新增贷中支付环节的管理要求等。12 月 29 日，银保监会就《商业银行托管业务监督管理办法（征求意见稿）》公开征求意见，注重与各相关领域的现行托管规则保持衔接，共同形成对商业银行托管业务的监管合力。

2. 证券业监管

2022 年 1 月 1 日，证监会修改发布《证券期货行政执法当事人承诺制度实施规定》（证监会令第 194 号）和《证券期货行政执法当事人承诺金管理办法》（证监会公告〔2022〕1 号），根据实践中出现的具体情况对承诺金的管理方式进行完善。2 月 18 日，证监会发布《证券基金经营机构董事、监事、高级管理人员及从业人员监督管理办法》（证监会令第 195 号），结合机构监管实践，全面规定了证券基金经营机构人员的任职要求、执业规范和机构主体管理责任。4 月 29 日，证监会发布《关于完善上市公司退市后监管工作的指导意见》（证监会公告〔2022〕31 号），并就《证券期货业网络安全管理办法（征求意见稿）》公开征求意见。

2022 年 9 月 16 日，证监会就《期货交易所管理办法（征求意见稿）》公开征求意见。12 月 30 日，证监会就《期货市场持仓管理暂行规定（征求意见稿）》《股票期权交易管理办法（征求意见稿）》公开征求意见，重点围绕落实《期货和衍生品法》有关要求，并结合市场发展和监管实际，对相关内容进

行修改完善。

3. 资产管理监管

2022 年 4 月 26 日，证监会发布《关于加快推进公募基金行业高质量发展的意见》（证监发〔2022〕41 号）。5 月 20 日，证监会发布《公开募集证券投资基金管理人监督管理办法》（证监会令第 198 号），完善公募基金管理人的准入、治理及退出机制。6 月 24 日，证监会发布《关于交易型开放式基金纳入互联互通相关安排的公告》（证监会公告〔2022〕39 号），交易型开放式基金正式纳入互联互通。8 月 5 日，银保监会发布《保险资产管理公司管理规定》（银保监会令 2022 年第 2 号），从总体要求、股东义务、激励约束机制、股东会及董监事会运作、专业委员会设置、独立董事制度、首席风险管理执行官、高管兼职等方面明确要求，提升保险资产管理公司独立性，全面强化公司治理监管的制度约束。11 月，银保监会、证监会分别发布个人养老金业务有关规定，落实 2022 年 4 月国务院办公厅发布的《关于推动个人养老金发展的意见》。12 月 30 日，银保监会发布《关于规范信托公司信托业务分类有关事项的通知（征求意见稿）》，厘清各类信托业务边界和服务内涵，引导信托公司丰富信托本源业务供给。

4. 保险业监管

2022 年 4 月 24 日，《关于保险资金投资有关金融产品的通知》（银保监规〔2022〕7 号）发布，拓宽险资可投资金融产品范围。5 月 9 日，《保险资金委托投资管理办法》（银保监规〔2022〕9 号）发布，重塑保险资金委托投资监管体系。7 月 28 日，《保险资产管理公司管理规定》（银保监会令 2022 年第 2 号）发布，取消外资持股比例上限。10 月 25 日，《保险保障基金管理办法》

发布，该办法 14 年来首修，优化保险业风险防范举措。11 月 21 日，银保监会印发《关于保险公司开展个人养老金业务有关事项的通知》，保险业助力养老第三支柱建设。

（三）金融改革创新推进

1. 自贸区新片区领航金融开放创新

2022 年 1 月 28 日，国家外汇管理局上海市分局印发《中国（上海）自由贸易试验区临港新片区开展跨境贸易投资高水平开放外汇管理改革试点实施细则》。资本项目高水平开放政策涉及多个领域外汇改革，经常项目高水平开放试点政策面向上海辖内符合条件的银行和所有临港新片区内注册企业，支持临港新片区在更深层次、更宽领域实现高水平开放。7 月 21 日，中国银保监会与上海市政府联合发布《中国（上海）自由贸易试验区临港新片区科技保险创新引领区工作方案》，为临港新片区率先全面深化保险改革创新提供重要支撑。这是贯彻落实《中共中央 国务院关于支持浦东新区高水平改革开放打造社会主义现代化建设引领区的意见》的又一项具体措施，是为国家新一轮改革开放"试制度、探新路、测压力"的有益探索。围绕为重点产业提供特色科技保险支持、推动科技保险市场更高水平开放、保险与科技双向赋能、实施科技保险创新人才工程等，推动科技保险市场更高水平开放，支持上海保交所构建国际化科技保险交易体系；积极创新科技保险服务模式，加强数字化、科技化、智能化监管。

2. 制度政策推动科创金融发展

2022 年 11 月 18 日，人民银行、发展改革委、科技部、工信部、财政部、银保监会、证监会、外汇管理局印发《上海市、南京市、杭州市、合肥市、嘉兴市建设科创金融改革

试验区总体方案》。提出的总体目标是，通过 5 年左右时间，将长三角科创金融改革试验区打造成为科创金融合作示范区、产品业务创新集聚区、改革政策先行先试区、金融生态建设样板区、产城深度融合领先区。推动上海国际金融中心和具有全球影响力的科技创新中心核心功能再上新台阶。此前的 5 月 13 日，证监会发布《证券公司科创板股票做市交易业务试点规定》，10 月 31 日首批科创板做市商正式开展科创板股票做市交易业务，此举有助于提升股票流动性、释放市场活力、增强市场韧性。上交所于 5 月 20 日发布《上海证券交易所公司债券发行上市审核规则适用指引第 4 号——科技创新公司债券》，推出科技创新公司债券，科创企业全生命周期债券融资支持体系基本形成。6 月 10 日，上交所发布《上海证券交易所科创板发行上市审核规则适用指引第 7 号——医疗器械企业适用第五套上市标准》，进一步完善科创板支持医疗器械"硬科技"企业上市机制。

3. 带动长三角金融一体化发展

2022 年 3 月，上海银保监局联合江苏、浙江、安徽和宁波银保监局出台《长三角地区跨省（市）联合授信指引》，有助于推动信贷资源在长三角地区更好畅通流动和高效配置，提升企业融资便利水平，加强跨区域机构业务统筹，强化风险管控。

4. 金融市场高水平开放

在外贸企业便利化方面，2022 年 6 月，国家外汇管理局上海市分局发布《关于进一步提升优质企业贸易外汇收支便利化试点政策质效的通知》（上海汇发〔2022〕22 号）。为贯彻落实党中央、国务院关于贸易自由化、便利化改革的工作部署，进一步提升辖区内优质企业贸易外汇收支便利化试点政策质效，在前期贸易外汇收支便利化试点的基础

上，国家外汇管理局上海市分局修订了《关于开展优质企业贸易外汇收支便利化试点的指导意见》。扩大试点业务范围，将初次收入（资本项目有关的收益收支除外）和二次收入纳入试点业务。优化银行准入条件，降低银行外汇业务合规与审慎经营评估等级条件。放宽银企合作年限，企业原则上在试点银行持续办理经常项目外汇收支业务 2 年以上。

在金融市场互联互通方面，2022 年 1 月 20 日，全国银行间同业拆借中心、上交所等联合发布《银行间债券市场与交易所债券市场互联互通业务暂行办法》，境内债券市场互联互通机制建设取得重大进展。3 月 25 日，上交所发布《上海证券交易所与境外证券交易所互联互通存托凭证上市交易暂行办法》及相关配套指引。6 月 10 日，证监会发布《关于修改〈内地与香港股票市场交易互联互通机制若干规定〉的决定》（证监会令第 200 号），有助于统筹金融开放和安全，依法加强对跨境证券活动的监管，保护内地投资者合法权益，稳定市场预期，维护沪深港通平稳运行。7 月 4 日，中国人民银行、香港证券及期货事务监察委员会、香港金融管理局决定同意中国外汇交易中心、银行间市场清算所股份有限公司和香港场外结算有限公司开展香港与内地利率互换市场互联互通合作（"互换通"）。"互换通"在"债券通"基础上进一步加强香港与内地金融市场的深度合作，便利国际投资者管理利率风险，提高国际投资者在我国债券市场的参与度，培育更加开放友好的全球人民币资产配置场所。7 月 28 日，中瑞证券市场互联互通存托凭证业务正式开通，首批 2 家沪市公司在瑞士证券交易所成功发行并上市全球存托凭证。

（四）金融司法保障提升

1. 金融司法工作成绩斐然

2022 年，上海金融法院受理各类金融案件 8 715 件，审结各类金融案件 8 716 件。证券业案件 4 002 件，占总收案量（6 598 件）的 60.65%；银行业案件 1 826 件，占总收案量的 27.68%；保险业案件 292 件，占总收案量的 4.43%；其他金融行业案件 478 件，占总收案量的 7.24%。证券虚假陈述责任纠纷 4 502 件，金融借款合同纠纷 803 件。

2022 年 1 月，上海金融法院发布《关于证券纠纷示范判决机制的规定》2.0 版，遵循立足现实与适当前瞻相结合的原则，聚焦强化调解优先原则、简化平行案件审理、深化在线诉讼改革、规范专业支持机制、创新案件执行规则等，以更好地适应中小投资者保护的新形势、新需求，使证券纠纷示范判决机制发挥更大活力、更大效能，为资本市场良好生态建设全面护航。2 月 17 日，上海金融法院发布《私募基金纠纷法律风险防范报告》，从私募基金涉诉情况、行业风险管理情况、纠纷类型及风险揭示、法律风险防范建议、合同条款要点完善建议五个方面对私募基金行业的法律风险进行梳理和分析，积极回应金融市场风险防范的现实需求，为金融开放与创新发展提供更加有力的司法保障。

2. 金融审判应对新类型案件挑战

首例涉科创板上市公司证券欺诈责任纠纷案——投资者诉广东紫晶信息存储技术股份有限公司（以下简称紫晶存储）证券虚假陈述纠纷案。该案系上海金融法院在《最高人民法院关于审理证券市场虚假陈述侵权民事赔偿案件的若干规定》取消前置程序后，受理的首例未依据行政处罚决定或刑事裁判文书提起的证券虚假陈述责任纠纷案件。此前，上海金融法院专门制定发布《关于服务保障设立科创板并试点注册制改革的实施意见》，组建涉科创板案件专门审判团队，发挥专业审判优势，为资本市场改革创新提供坚实的司法支撑。

首例金融市场测试案——上海清算所申请对中央对手清算业务处置违约程序的合法有效性进行审判测试，由上海清算所联合交通银行、浦发银行、兴业银行、法国兴业银行（中国）共同筹备完成。这是自《上海金融法院金融市场案例测试机制规定》发布以来上海金融法院收到的首个案例测试申请。审判测试有效回应和满足了金融创新对司法供给的迫切需求，有利于切实解决金融市场改革创新前沿面临的实际问题。

第三章
纽约国际金融中心发展情况

2022年，纽约市金融服务业和金融机构的发展逐渐放缓。其中，银行业总资产和盈利能力较上一年有所下降，证券业税前利润恢复至2019年以前的水平，保险业保持稳定。金融市场规模全球领先。其中，股票市场市值、成交规模等指标稳居全球首位，债券、期货、外汇及利率衍生品等市场位于全球前列，纽约继续在全球资源配置和资产定价中发挥核心作用。

一、经济金融发展概况

根据美国经济分析局（Bureau of Economic Analysis，BEA）数据，2021年纽约大都会区[①]的名义GDP为19 927.79亿美元，较2020年上升10.14%。GDP构成中，金融活动，专业与商业服务，信息产业，教育、医护与社会救助，政府与政府企业等位居前列（见图3-1）。

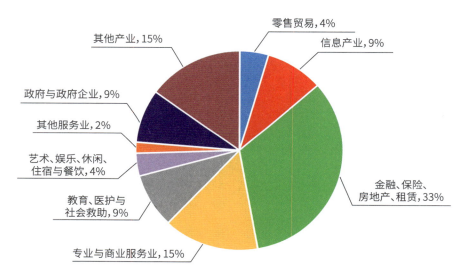

图3-1　2021年纽约大都会区GDP结构

（数据来源：BEA）

作为国际主要经济和金融中心，纽约是全世界最大跨国公司总部集中之地，在银行、证券、保险等领域为美国乃至全球提供产品和服务，由此奠定其国际支配力和影响力。

2022年的数据显示，世界500强企业中有17家总部位于纽约[②]。从行业分类来看，银行等金融机构占11家，其他类型企业共计6家（见表3-1）。

[①] 从2000年起，美国人口统计总署等部门使用大都会区和非大都会区概念取代了传统的城市和乡村概念。纽约大都会区是全美最大的都会区，以纽约市为中心，由纽约州上州的6个郡与长岛的2个郡、新泽西州的14个郡、康乃狄克州的3个郡，以及宾夕法尼亚州东北部的1个郡所组成。目前，面积约为3.4万平方公里，人口约为1 995万人（2013年美国人口普查数据）。

[②] 数据来源：www.fortunechina.com。

表 3-1　2022 年总部位于纽约的全球 500 强企业名单

单位：百万美元

公司名称	行业	营业额	利润	500 强排名
威瑞森电信	电信	133 613	22 065	54
摩根大通公司	银行：商业储蓄	127 202	48 334	63
辉瑞制药有限公司	制药	81 288	21 979	137
花旗集团	银行：商业储蓄	79 865	21 952	141
百事公司	食品：消费产品	79 474	7 618	143
大都会人寿	人寿与健康保险	71 080	6 554	173
高盛	银行：商业储蓄	64 989	21 635	195
摩根士丹利	银行：商业储蓄	61 121	15 034	211
美国国际集团	财产与意外保险	52 057	9 388	255
美国纽约人寿保险公司	人寿与健康保险	51 199	277	263
百时美施贵宝公司	制药	46 385	6 994	301
美国运通公司	多元化金融	43 663	8 060	320
Stone X 集团	多元化金融	42 534	116	327
美国教师退休基金会	人寿与健康保险	40 526	4 061	347
Travelers 公司	财产与意外保险	34 816	3 662	410
菲利普·莫里斯国际公司	烟草	31 405	9 109	454
派拉蒙环球公司	娱乐	29 579	4 543	483

数据来源：www.fortunechina.com。

截至 2022 年末，纽约市共有 54 家商业银行、11 家储蓄银行、57 家信用社、10 家大型金融控股公司（资产规模超 100 亿美元）等金融机构总部，另有 111 家外资银行分支机构和代表处[①]。从资产规模看，美国前 50 大金融控股公司中有 14 家位于纽约州，总资产规模达到 10.36 万亿美元，占全部机构资产的比重为 43.9%[②]，从中体现出作为金融中心的纽约金融资源集聚度之高。

纽约金融市场在全球金融资源配置中发挥核心作用。按交易对象划分，主要包括外汇市场、股票市场、债券市场、商品期货市场等。外汇市场上，以纽约为主要代表的美国外汇交易量 2022 年全球占比达到 25.49%[③]，仅次于伦敦。股票市场上，位于纽约的证券交易所[④] 股票市值 2022 年末达 40.30 万亿美元，占全球的比重为 39.7%；股票成交规模 105.53 万亿美元，占全球的比重为 52.82%[⑤]。此外，纽约在石油等能源期货、黄金等金属期货以及其他衍生品交易上位居全球前列。

[①] 数据来源：Department of Financial Services；National Information Center；Federal Reserve System。
[②] 数据来源：National Information Center；Federal Reserve System。
[③] 数据来源：BIS。
[④] 包含纽约—泛欧和纳斯达克等交易所。严格意义而言，纳斯达克是一个基于电子网络的无形市场，物理位置并非位于纽约，但其毋庸置疑是纽约国际金融中心资本市场的重要组成部分。
[⑤] 数据来源：WFE。成交量包括 EOB、Negotiated Deals 和 Reported Deals。

二、金融服务业与金融机构

（一）银行业

联邦存款保险公司（Federal Deposit Insurance Corporation，FDIC）的报告指出①，2022 年美国银行业增长放缓，资产总量和盈利能力较上一年略有下降。资产总量方面，2022 年末，银行业总资产达 23.6 万亿美元，同比下降 0.5%。其中，贷款和租赁总额增加 9 799 亿美元（8.7%），现金和存放在存款机构的余额减少 9 812 亿美元（27.6%），证券下降 3 619 亿美元（5.8%）。资产质量方面，FDIC"问题银行列表"中"问题银行"数量

为 39 家，较上一年减少 5 家，达到 1984 年以来最低数量，银行业整体质量有所提升。"问题银行"的总资产由上一年的 1 700 亿美元下降至 470 亿美元，"问题银行"的资产规模大幅下降。2022 年第四季度贷款损失准备金总额为 1 953 亿美元，较上一年增长 9.6%；拨备覆盖率达 217.55%，较上一年提高 38.73 个百分点，达到 1984 年以来的最高值（见表 3-2）。盈利方面，2022 年银行业净利润为 2 630 亿美元，同比下降 5.8%。其中，银行业拨备费用增加 826 亿美元，非利息支出增加 274 亿美元，两项费用的增加超过净利息收入增加的 1 055 亿美元。

表 3-2 美国商业银行和储蓄机构的资产和负债②

单位：百万美元

指标	2022 年	2021 年	2020 年	2019 年	2018 年	2017 年	2016 年	2015 年
机构数量（家）	4 706	4 839	5 001	5 177	5 406	5 670	5 913	6 182
总雇员（人）	2 124 274	2 069 043	2 065 525	2 063 257	2 067 086	2 076 128	2 052 504	2 033 758
总资产	23 599 954	23 719 827	21 883 869	18 645 348	17 943 122	17 415 377	16 780 224	15 967 923
贷款和租赁量	12 226 876	11 246 976	10 863 135	10 518 202	10 152 303	9 721 072	9 305 365	8 841 647
存款	19 214 554	19 701 959	17 823 558	14 535 283	13 866 258	13 399 154	12 894 726	12 189 838
总股本	2 205 131	2 357 373	2 225 125	2 111 105	2 022 559	1 958 072	1 869 806	1 801 379
30～89 天逾期	67 938	57 149	63 218	67 991	65 984	67 582	65 741	64 315
拨备覆盖率（%）	217.55	178.82	183.71	129.88	124.39	106.30	92.18	85.97

数据来源：FDIC，Quarterly Banking Profile。

纽约市的数据显示，截至 2022 年末，主要银行业机构总资产合计约 3.65 万亿美元。其中，联邦注册银行总资产合计 7 264 亿美元，州注册银行总资产合计约 2.92 万亿美元（见表 3-3）。

---

① 纽约市相关银行业统计数据缺乏，本部分采用美国银行业资料数据。由于纽约市银行业在美国具有突出的地位，因此全美银行业情况一定程度上可以反映纽约市情况。本部分数据来源于 FDIC 报告。
② 纳入 FDIC 保险范畴的机构。

表 3-3 2022 年纽约市银行业基本情况

单位：家、亿美元

机构类型	机构数目	总资产
纽约市	242	36 455
其中：商业银行	54	10 543
储蓄银行	11	412
储蓄贷款协会	1	21
信用社	57	178
外资银行分支机构	101	23 936
外资银行代表处	10	1 342
其他	8	23
其中：州注册银行	135	29 191
联邦注册银行	107	7 264

数据来源：Department of Financial Services 2022 Annual Report，New York State。

（二）证券业 [①]

继 2020 年创纪录的表现后，2021 年纽约证券业税前利润进一步增长。然而，低利率带来的盈利无法长期持续，随着联邦刺激政策逐渐减弱，2022 年证券业利润恢复到 2019 年以前的水平。持续的供应链问题、地缘政治冲突以及美联储的紧缩政策，加剧金融市场的不确定性。

1. 收入与利润

受承销活动和咨询费用大幅增加的影响，2021 年，证券业净收入（总收入减去利息费用）增长 12.4%，达到 2 233 亿美元。此外，税前利润增长 14.7%，达到 584 亿美元，仅比 2009 年的历史最高水平低 5%（见图 3-2）。美联储的低利率政策是 2021 年盈利能力的最大推动因素。与 2019 年疫情前水平相比，2021 年的利息费用下降 718 亿美元（88.5%）。

低利率带来的高增长无法长期持续。2022 年上半年，美联储的紧缩政策导致证券交易收入下降 57.5%，承销收入下降 57%，利息费用增加近 200%，证券业净收入也因此下降 15%。税前利润较上年同期下降 56.3% 至 135 亿美元。该利润与疫情前水平接近，较 2019 年下降 10.6%，较 2018 年下降 1.1%。纽约国家审计局办公室（Office of the New York State Comptroller，OSC）的数据显示，2022 年证券业利润为 203 亿美元，证券业正恢复到疫情前的平均水平。

---

① 数据来源：Office of the New York State Comptroller，The Securities Industry in New York City。

图 3-2　纽约市证券行业利润

(数据来源：Office of the New York State Comptroller)

2. 就业

纽约市证券业的就业在 2000 年达到顶峰，工作岗位数达 201 100 个。随后由于"9·11"恐怖袭击和互联网泡沫的破灭，岗位数于 2003 年下降 35 200 个。在行业充分恢复之前，随后的金融危机使 2007 年到 2010 年又损失 22 600 个工作岗位。之后伴随行业的复苏，2019 年证券业的岗位数为 183 500 个，达 2008 年国际金融危机以来的最高水平。得益于远程工作对业务冲击的缓解，新冠疫情的暴发并未导致证券部门就业的大幅下降。2020 年，在整个私营部门就业人数下降 12.2% 的情况下，证券部门就业人数仅下降 1.6%（2 900 个）。虽然证券部门在 2021 年又失去 600 个工作岗位，但 2022 年 9 月的数据显示，该行业有望恢复 1 600 个就业岗位。

虽然纽约市拥有全美最多的证券行业就业机会，但由于就业向低成本地区转移，纽约市在美国证券业就业岗位中的份额长期下降。数据显示，纽约市的份额从 1990 年的 33% 下降到 2007 年的 21%，并进一步下降到 2022 年的 17.6%。

从全国范围看来，纽约州聚集了最多的证券岗位，2021 年全州共有 197 400 个行业职位，是排名第二的加利福尼亚州的 2 倍。纽约市证券业就业占全州的 90%，该份额与 2007 年相似。

3. 奖金与工资

证券业的薪酬制度在国际金融危机之前鼓励过度冒险。国际金融危机后新法规和准则改变了薪酬发放方式，主要表现为提高基薪，主要奖金延迟至未来年份发放且与绩效挂钩。尽管如此，纽约市证券业奖金支付仍占私营部门的 50% 以上，工资支付占私营部门的 20%，而证券业的就业仅占私营部门的 5%。

OSC 公布的数据表明，2021 年，纽约市证券从业人员的奖金池增长 21% 至 450 亿美元。该金额包括 2021 年应发奖金数额和往年递延数额。2021 年，纽约市支付给行业雇员的平均奖金为 257 500 美元，较上一年增长 20%（见图 3-3）。该增长比例和奖金池金额增长比例相当。

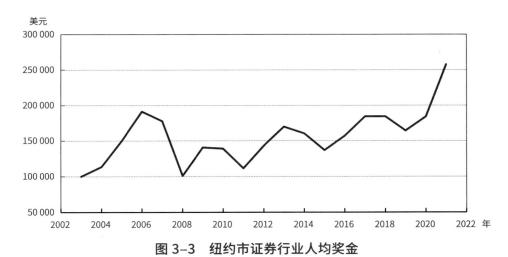

图 3-3　纽约市证券行业人均奖金

（数据来源：OSC）

2021 年纽约市证券业平均工资（包括奖金）增长 17.8% 至 516 560 美元。证券业的工资水平在纽约市所有行业中排名最高，几乎是排名第二位信息服务业（277 340 美元）的两倍。排名第三至第五的行业分别是基金与信托管理（252 800 美元）、公司管理（238 780 美元）和银行业（224 220 美元）。2021 年纽约证券业的平均工资是其余私营部门（92 330 美元）的 5 倍以上。虽然该差异比 2007 年的 6 倍有所收窄，但远高于 1981 年的 2 倍。

2021 年，纽约州证券业的平均工资为 495 370 美元，是美国其他地区的平均水平（226 410 美元）的 2 倍多。纽约州的行业高平均工资反映了高薪酬员工的集中度，如首席执行官。《多德—弗兰克法案》要求上市公司报告首席执行官与行业中位数工资的比率。根据 2021 年的数据，标普 500 成分股中总部设在纽约州的金融公司的首席执行官工资与行业中位数比率为 261 倍，高于全国的 198 倍。

4. 经济贡献与税收

2021 年纽约州的证券业对全州的经济贡献占比为 7.3%，全国排名第一，大幅高于排名第二的康涅狄格州（5%）和第三的马萨诸塞州（3.6%）。除此之外，所有其他州的金融部门占其经济比重不到 3%（多数低于 1%）。

在税收贡献上，证券业是纽约市以及纽约州的主要税收来源。就纽约市而言，OSC 估算的数据显示，2021—2022 财年，纽约市证券业税收收入达到 54 亿美元，是 1996 年以来最高的一年。其中，个人所得税占证券业全部税收收入的 75%，该占比是 1998 年以来的最高值。由于其他行业受疫情影响严重，证券业税收额占纽约市总税收额的 8%，与上一年持平。就纽约州而言，OSC 数据显示，2021—2022 政年，纽约州证券业的税收收入为 229 亿美元，比上年增长 43%。其中，个人所得税占比高达 86%。由于更依赖个人所得税收入，纽约州对华尔街税收收入的依赖性超过纽约市。因此，证券业税收额占纽约州 2021—2022 财年总税收额的 22%，高于纽约市的 8%。

（三）保险业

根据纽约州金融服务局（Department of Financial Services，DFS）的统计，截至 2022 年底，由其监管的保险公司超过 1 960 家，总资产超过 6.1 万亿美元。其中，财产保险公司超过 1 167 家，总资产 2.4 万亿美元，保费总额 6 660 亿美元；健康保险公司总资产 732 亿美元，保费总额 587 亿美元；寿险公司约 630 家，包括 128 家持牌机构，持牌机构总资产规模达到 3.9 万亿美元，保费总额约 2 940 亿美元[①]。

三、金融市场运行

（一）货币信贷市场

纽约货币市场是纽约短期资金借贷市场，是全球主要货币市场中交易量最大的市场，包括联邦基金市场、定期存单市场、国债市场、商业票据市场和货币市场互助基金等。由于纽约货币市场的主要交易由供求双方直接或间接通过经纪人进行，不存在固定交易场所，因此缺乏权威交易统计数据，对该市场的规模难以准确估计。

在信贷市场上，根据 FDIC 统计，截至 2022 年末，纽约州银行机构[②]总资产 17 115 亿美元，资产质量、资产收益及信贷结构分布详见表 3-4。

表 3-4　纽约信贷市场及银行机构基本情况

单位：百万美元、家

	2022 年	2021 年	2020 年
一般信息			
总资产	1 711 499	1 604 642	1 358 663
新机构数（＜3 年）	1	3	3
机构数	121	126	129
资产质量			
逾期及非应计贷款 / 总贷款（中位数%）	0.95	0.90	0.97
非流动贷款 / 总贷款（中位数%）	0.47	0.53	0.58
损失准备金 / 总贷款（中位数%）	1.05	1.17	1.18
损失准备金 / 非流动贷款（中位数倍数）	1.69	1.57	1.76
净贷款损失 / 总贷款（中位数%）	0.02	0.03	0.04
资本 / 收益			
一级资本杠杆率（中位数%）	10.34	9.89	10.20
资产回报率（中位数%）	0.85	0.92	0.68
税前资产回报率（中位数%）	1.05	1.14	0.83
平均资产准备金率（中位数%）	3.29	0.20	0.20
流动性 / 敏感性			
净贷款占总资产比重（中位数%）	67.48	64.52	68.17
长期资产占总资产比重（中位数%）	40.43	40.21	34.47

① 数据来源：DFS Annual Report 2022。
② 纳入 FDIC 存款保险范围的机构。

续表

	2022 年	2021 年	2020 年
贷款集中度（中位数，合格总资本百分比）			
商业和工业	35	52	72
商业房地产	220	206	217
住宅房地产	160	166	159
消费	4	4	4
农业	0	0	0

数据来源：FDIC。

（二）外汇及利率衍生品市场

纽约外汇市场是全球最主要的外汇市场之一。参与者以商业银行为主，包括 50 余家美国的银行以及 100 多家外资银行在纽约的分支机构和代表处。纽约各大银行与世界各地外汇市场 24 小时保持联系，国际上的套汇和其他交易活动可立即完成。

根据外汇交易委员会（Foreign Exchange Committee）统计①，2022 年 10 月，北美地区每日场外市场外汇交易量（含即期、远期、外汇掉期、外汇期权）达 9 762.64 亿美元，同比下降 1.3%（见表 3-5）。从交易工具来看，远期和外汇掉期交易量分别较上一年下降 4.0% 和 13.7%，即期和外汇期权交易量分别较上一年上涨 6.4% 和 38.6%。从交易货币对来看，与 2021 年 10 月相比，交易增幅最大的是美元 / 日元货币对，交易量较上一年增加 66.1 亿美元，降幅最大的是美元 / 俄罗斯卢布货币对，交易量较上一年减少 47.3 亿美元。从交易币种来看，美元在全部交易中占比 92.2%，欧元占比 27.6%，日元占比 16.5%（见表 3-6）②。

在利率衍生品市场（包含远期利率协议、利率掉期、利率期权及其他利率衍生品）上，2022 年 4 月，纽约市场日交易量达到 18 870 亿美元，较 2019 年同期下降 22.8%③。

表 3-5　北美每日外汇交易量

单位：百万美元、%

交易工具	2022 年 10 月	2021 年 10 月	增长率
即期	424 810	399 083	6.4
远期	178 946	186 450	−4.0
外汇掉期	308 954	358 030	−13.7
外汇期权	63 554	45 854	38.6
合计	976 264	989 417	−1.3

数据来源：Foreign Exchange Committee，FX Volume Survey Results，2022。

① 数据来源：Foreign Exchange Committee，FX Volume Survey Results，2022。
② 双向计算，即总和为 200%。
③ Federal Reserve Bank of New York，The Foreign Exchange and Interest Rate Derivatives Markets：Turnover in the United States，2022。报告数据每三年更新一次。

表 3-6　近年来全球主要外汇交易币种市场占比

单位：%

币种	2022 年	2021 年	2020 年	2019 年	2018 年	2017 年	2016 年	2015 年
美元	92.2	90.7	90.7	89.2	87.0	87.3	87.4	88.7
欧元	27.6	27.3	29.3	29.7	30.7	32.0	30.5	30.6
日元	16.5	15.9	17.6	18.3	19.3	19.1	20.2	—
其他	63.7	66.1	62.4	62.8	63.0	61.6	61.9	80.7
合计	200.0	200.0	200.0	200.0	200.0	200.0	200.0	200.0

数据来源：Foreign Exchange Committee，FX Volume Survey Results，2022。

（三）股票市场[①]

纽约主要的股票市场包括纽约—泛欧交易所集团美国中心（NYSE Euronext US）[②]、纳斯达克市场（NASDAQ）等。

纽约—泛欧交易所集团美国中心：它是美国和世界上最大的证券交易市场。截至 2022 年末，纽约—泛欧交易所集团美国中心证券市场市值为 24.06 万亿美元，同比下降 13.11%，但依旧高于全球其他交易所（见图 3-4）。

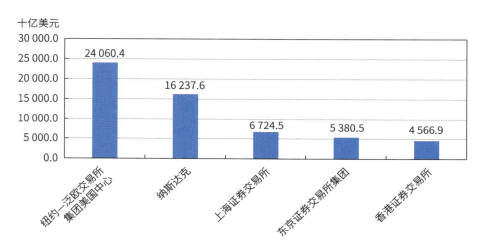

图 3-4　2022 年末全球主要股票交易所市值情况

（数据来源：WFE）

2022 年，纽约—泛欧交易所集团美国中心上市公司数量为 2 405 家，较上年末减少 91 家。在上市公司国别上，本国企业 1 818 家，外国企业 587 家。上市的外国企业数量在全球证券交易所排名第三位，较第一位的维也纳证券交易所少 278 家，较第二位的纳斯达克少 211 家。

从股票市场融资规模看，2022 年，纽约—泛欧所集团美国中心股票市场 IPO 融资规模为 41.78 亿美元，融资量低于上海证券交易所（520.36 亿美元）、香港证券交易所（133.96 亿美元）和纳斯达克（51.22 亿美元）。

---

① 数据来源：如非其他注明，本节数据均来自 WFE。
② 2013 年，纽约—泛欧交易所集团被洲际交易所集团收购，后者成为涵盖利率、股票及股票衍生品、信贷、债券、外汇、能源、金属及农产品的领先交易市场网络。

从股票成交金额看，2022 年，纽约—泛欧交易所集团美国中心位居全球第二，仅次于纳斯达克，股票成交金额为 30.29 万亿美元，成交金额占全球的比重为 15.16%。

除基础股票之外，纽约—泛欧交易所集团美国中心在部分证券衍生品交易上也位居全球前列。2022 年，该交易所 ETF 期权的成交合约数为 8.22 亿张，股票期权成交合约数为 10.91 亿张，均位居全球第四。

纳斯达克市场：2022 年末，纳斯达克市场共有 2 823 家上市公司，其中外国公司 865 家。市值总规模达到 16.24 万亿美元，位居全球第二。在股票市场融资规模上，2022 年，纳斯达克市场 IPO 上市公司数量为 86 家，融资规模为 51.22 亿美元。在股票成交金额规模上，纳斯达克市场继续位居全球第一，其 2022 年交易规模为 75.24 万亿美元，全球占比为 37.66%[①]。

另外，纳斯达克市场在部分证券衍生品

交易上位居全球前列。2022 年纳斯达克市场股票期权为 17.86 亿张，位居全球第二，落后于伊朗法拉交易所（19.54 亿张）；ETF 期权成交合约数为 12.84 亿张，交易量居全球首位。

（四）债券市场[②]

纽约债券市场规模庞大、种类丰富。证券业及金融市场协会（Securities Industry and Financial Markets Association，SIFMA）的数据显示，2022 年末美国债券市场存量约为 55.1 万亿美元，较上年末增长 12.2%。债券市场种类丰富。从信用等级来看，既有国债等信用程度高的债券，也有小型公司发行的"垃圾债券"；从发行主体来看，有国债、市政债券、抵押贷款支持证券、资产支持证券、企业债券、联邦机构债券、货币市场债券等（见图 3-5）。此外，在衍生金融工具支持上，有信用违约互换（CDS）和债券抵押债务凭证（CBO）等一大批金融工具起到分散风险和推动交易

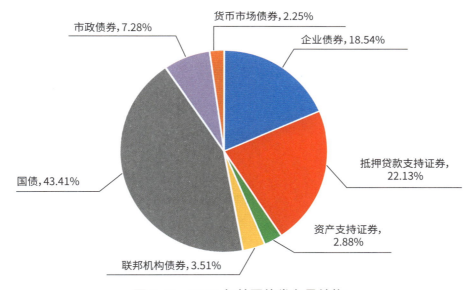

图 3-5　2022 年美国债券存量结构

（数据来源：SIFMA）

---

① 数据来源：WFE；NASDAQ 网站。

② 虽然美国债券市场主要以场外市场为主，并不存在一个完全地理上在纽约的"市场"，但纽约仍是债券交易的主要中心，因此本部分以全美债券市场数据来说明情况。

的作用。纽约债券市场是美联储进行公开市场操作的重要场所，债券交易既可以在场外进行，也可以在证券交易所内进行，但场外市场是债券交易的主要市场。

2022 年，美国债券发行量为 8.88 万亿美元，同比减少 33.93%。其中，国债、抵押贷款支持证券、企业债券发行量占据前三位，占比分别为 37.90%、34.19% 和 14.86%（见图 3—6）。

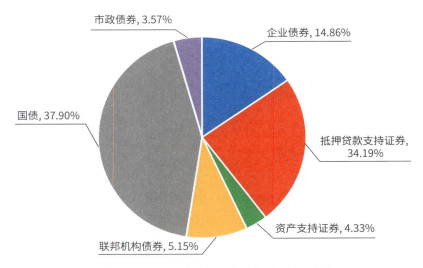

图 3—6　2022 年美国债券市场发行结构

（数据来源：SIFMA）
（注：由于四舍五入的原因，百分比加总不等于 100%）

从债券市场交易量来看，美国债券市场交易十分活跃。由于以场外交易为主，加之双边报价商制度和电子交易系统普遍应用、债券做市商制度健全，美国债券市场成为全球流动性最高的市场。2022 年，美国债券市场日均交易量 8 580 亿美元。其中，国债排名第一，占交易总量的比重为 67.21%；抵押贷款支持证券（MBS）位居第二，占比为 26.14%；余下为企业债券、市政债券等（见图 3—7）。

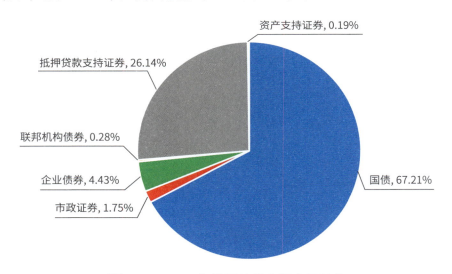

图 3—7　2022 年美国债券市场交易结构

（数据来源：SIFMA）

此外，美国债券市场投资者结构较为均衡，主要有银行、基金、个人、保险公司以及国际投资者等。债券市场收益率曲线比较完备，为国内外投资者提供了重要参考。

（五）商品期货市场

纽约主要的商品交易所是纽约商品交易所，曾是世界上最大的商品期货交易所之一，于 2008 年被芝加哥商业交易所（Chicago Mercantile Exchange，CME）集团收购，目前主要由两个分支机构——纽约商业交易所（New York Mercantile Exchange，NYMEX）和纽约金属交易所（Commodity Exchange，COMEX）组成。其中，NYMEX 主要侧重于交易能源产品、白金和钯等期货期权合约；而 COMEX 主要交易金、银、铜和铝等期货

期权合约，COMEX 是美国乃至全球最大的黄金期货、期权及其他衍生品的交易场所。

2022 年，纽约商品交易所衍生品合约成交量为 5.14 亿手[①]，较上年下降 25.4%。纽约商品交易所的成交量约占 CME 集团总交易量的 15.75%，较上年上升 1.8 个百分点。尽管交易总量在全球并不具备显著优势，但在部分交易品种上，纽约商品交易所仍居支配地位。从交易量来看，在全球交易量排名前 20 位的能源期货期权合约中，纽约商品交易所占据 5 席，其中，NYMEX 交易所的 WTI 轻质低硫原油期货和亨利港天然气期货分别位于第三和第六位。在全球金属业期货期权交易量排名中，COMEX 交易所占据前 20 位中的 1 席——黄金期货位于第八位（见表 3-7）[②]。

表 3-7　纽约商品交易所主要产品交易量及增速

单位：手、%

合约名	能源排名	2022 年	2021 年	增长率
WTI 轻质低硫原油期货	3	205 997 830	248 314 481	−17.0
亨利港天然气期货	6	85 875 540	97 588 795	−12.0
RBOB 汽油实物（RB）期货	12	41 039 130	47 837 998	−14.2
纽约港 ULSD 柴油期货	14	39 668 782	38 711 497	2.5
微型 WTI 原油期货	18	30 080 874	8 368 659	259.4
合约名	金属排名	2022 年	2021 年	增长率
黄金期货	8	54 261 767	58 464 997	−7.2

数据来源：FIA 2022 Volume Survey。

四、金融监管

（一）银行业监管

美国拥有联邦和州政府两级银行业监管机构。联邦政府主要有五个监管机构：

美国货币监理署（Office of Comptroller of Currency，OCC）、联邦存款保险公司（Federal Deposit Insurance Corporation，FDIC）、美国联邦储备体系（Federal Reserve System，FED，以下简称美联储）、储蓄机

---

① 数据来源：FIA Exchange Ranking，2022。
② 数据来源：FIA 2022 Volume Survey。

构 监 管 署 （Office of Thrift Supervision，OTS）和 国 家 信 用 社 管 理 局 （National Credit Union Administration，NCUA）。联邦之外，州政府设立银行监管机构，行使对银行体系的监管职责。

美国货币监理署（OCC）：OCC通过两个管理委员会完成其银行监管职责：银行监管委员会（CBS）和国家风险委员会（NRC）。CBS确保监管活动、政策和计划的协调，使其与OCC的战略计划和目标保持一致。NRC识别和评估行业现有和新兴风险，并协调机构的监管和政策问题。2022年，OCC通过推动一系列措施确保联邦政府银行系统安全、合理、公正的运行。

一是建立明确的监管重点。OCC在《2022财年银行监管运营计划》中公布了其监管重点，为政策举措和监管战略提供基础。2022年OCC重点关注以下主题：（1）制定战略和运营计划，确保银行保持稳定的财务状况。（2）信用风险管理、贷款和租赁损失计提、信用损失计提。（3）网络安全和运营弹性。（4）对第三方和相关机构的集中监管。（5）银行保密法／反洗钱（BSA/AML）合规管理。（6）消费者合规管理系统和公平借贷风险。（7）《社区再投资法案》的执行情况。（8）低利率环境的影响，以及在LIBOR停用的情况下向替代参考利率的过渡。（9）支付系统产品和服务。（10）加密货币相关活动。（11）气候变化风险管理。

OCC还针对关键风险开展横向监管，以促进对整个银行业问题的协调和评估。OCC通过其半年度风险展望、公告、新闻稿、审计长手册、演讲、外展活动以及与银行管理层和董事会的讨论，提供有关联邦银行系统风险和监管重点的最新信息。

二是加强关于中型银行和社区银行

（MCBS）的监管。2022年，OCC重新调整了MCBS的监管政策。（1）改变行政划分：4个地区办事处（中部、东北部、南部、西部）被6个地理区域（东部、中西部、东北部、南部、东南部和西部）取代。（2）针对技术服务提供商和新型银行建立新的监管组合，以便OCC改善沟通，更好地了解这些机构的监管风险和问题。（3）对信托银行进行集中监管。信托章程具有独特的业务模式，集中监管有助于提高监管的一致性和透明度。（4）成立一个新的风险、资源和审查员发展部门，由风险官员、首席专家、金融分析师和专业审查员组成，致力于社区银行监管。（5）集中MCBS业务，以简化内部沟通，为员工提供培训和发展机会，并通过制定跨MCBS的标准流程来促进一致性。

三是发布规则和指南。2022年，OCC围绕运营程序问题和《社区再投资法案》（CRA）的现代化发布一系列规则和指南。在运营程序方面，发布银行运营方面的联合规定，旨在建立针对银行及其服务提供商的计算机安全事件通知要求；发布OCC运营方面的联合提案规定，推动电子通信在行政听证方面的使用，提高行政裁决的效率和公正性；修改OCC的可疑活动报告规定，以使OCC的法定豁免权与金融犯罪执法网络的权力保持一致。在CRA现代化方面，发布联合提案规定推动CRA监管框架现代化转型；废止2020年6月的CRA规定，并以1995年联邦银行监管机构共同制定的规则为基础进行替代。此外，OCC还发布了有关监管和审查员指导的文件，主要涉及加密货币和信托业务、大型银行气候相关金融风险的指导、银行对LIBOR停用的应对、经济趋势和分析等。

四是执照许可的批准。OCC通过发牌活动确保银行根据法律法规的规定建立和维持公司结构。2022 财年，OCC 共接到 748 项公司业务申请，批准 686 项。

五是参与执法行动。OCC 通过调查、诉讼以及执法行动确保银行业健康发展。在获得授权时，OCC 将涉及银行关联方的潜在犯罪行为提交给美国司法部，并与其他联邦机构协调涉及银行的执法工作。自 2010 年以来，针对银行的正式执法行动数量普遍下降，反映出银行风险管理实践和经济状况的总体改善。2022 年，OCC 共开展 69 项正式执法行动，罚款总额 2.03 亿美元。

联邦存款保险公司（FDIC）：截至 2022 年 9 月底，FDIC 投保存款余额达到 9.9 万亿美元，分属于 4 755 家机构；实际监管 2 765 家机构，并管理 156 个活跃的破产接管机构①。

2022 年，FDIC 在金融监管方面专注于以下工作。

（1）持续对被监管机构进行监督检查。一是强化执法检查。2022 年 FDIC 共进行 1 331 次法定风险管理检查，并专门针对问题机构进行全面的后续跟进检查；FDIC 还进行了 987 次法定《社区再投资法案》（CRA）和消费者合规性检查，以及 2 979 项针对信托、证券交易商的专项检查。二是完善问题机构机制。在检查过程中共有 12 家、资产总额 1 222 亿美元的被保险机构被认定为问题机构，同时有 19 家、资产总额 38 亿美元的被保险机构被移出问题机构名单。截至 2022 年 9 月 30 日，42 家问题机构中的 26 家机构受到 FDIC 的监管，资产总额达 43 亿美元。三是发起执法行动。2022 年 FDIC 的风险管理监督部门（RMS）发起了 97 项正式执法行动

和 49 项非正式执法行动。此外，RMS 还对大型金融机构进行了全面审查，重点关注业务门槛、人员配备、知识转移和监管规划。四是提升非现场检查效率。2022 年大型存款机构非现场检查计划覆盖 120 家机构，合计总资产 4.5 万亿美元。五是强化信息技术与网络安全检查。2022 年 FDIC 对其被保险机构进行了 1 331 次信息技术检查，并对被保险机构的信息技术服务提供商的 IT 服务进行了检查。

（2）强化消费者保护措施。2022 年，FDIC 的储户与消费者保护部门启动了 21 项正式执法行动和 10 项非正式执法行动以解决消费者合规检查中存在的问题，如董事会决议和谅解备忘录，并处以 19 项罚款。罚款针对机构违反洪水灾害保护法、联邦贸易委员会法第 5 条关于不公平或欺骗行为的规定，以及房地产结算程序法第 8 条的违规行为。罚款总额为 130 万美元。此外，消费者合规检查还要求银行向 61 430 名消费者自愿赔偿 1 360 万美元，并根据《真实贷款法》向超过 4 036 名消费者进行 130 万美元的赔偿。

（3）聚焦反洗钱与反恐怖融资活动。2022 年 FDIC 共进行了 343 次银行保密法案和反洗钱检查（BSA/AML）。2022 年 3 月和 4 月，联邦金融机构检查委员会（FFIEC）提供了关于 2021 年 12 月发布的 BSA/AML 审查手册的培训，并继续更新 BSA/AML 审查手册。手册修订部分加强了对审查人员的指导，包括如何评估存款机构设计原则、程序和流程的合理性，以确定它们是否符合"反洗钱/反恐怖融资"要求，并保护机构免受洗钱、恐怖主义融资和其他非法金融活动的影响。

（4）改进监管框架。FDIC 监管政策的

---

① 数据来源：FDIC Annual Report，2022。

目标是向金融机构和审查人员提供清晰、一致、有意义和及时的信息。2022年，FDIC更新了《审查政策风险管理手册》的几个部分：一是更新了第1.1节，更全面地描述金融机构的持续审查流程。二是更新了第2.1节，把新的资本规划部分纳入其中，以更好地适应采用当前预期信贷损失（Current Expected Credit Loss，CECL）方法或社区银行杠杆率（CBLR）资本框架的金融机构。三是修订了第21.1节，更新了适合非现场审核和现场审核的审核活动标识，并纳入金融机构提供审核信息的最佳实践作为案例。四是更新第22.1节，发布"风险范围界定活动"和"信用卡相关商家活动"检查文档模块的修订版本。此外，2022年7月，FDIC更新了《执法行动手册》的第1章和第4章，涉及终止令和同意令的最低标准，为专业人员提供指导；更新了《信托检查手册》的第1节，以改善流程和清晰度，并扩展了关于信托部门政策、战略规划、激励报酬、主导管理者、管理信息系统、账户审查，以及检查员与信托部门管理层之间会议的讨论。

（5）发布监管政策的最终规定。2022年，FDIC完成多项重要规定的制定工作，以改进适用于受保银行的监管框架。

一是完成《评估、修订存款保险评估费率》的最终规定。2022年10月，FDIC批准了一项适用于所有受保存款机构（IDIs）的最终规定，将初始基本存款保险评估费率统一增加2个基点。该规定自2023年第一季度评估期开始生效。评估费率的增加有助于存款保险基金（DIF）的准备金比率在2028年9月30日这个法定截止日期前达到1.35%这一法定最低要求。

二是完成《纳入困境债务重组会计准则更新的评估和修订》的最终规定。2022年3月31日，美国财务会计准则委员会（FASB）发布了《会计准则更新第2022-02号（ASU 2022-02）》文件，对于采用CECL方法的机构取消不良债务重组（TDR）的会计处理指引，同时提高了借款人遇到财务困难时债权人对某些贷款再融资和重组的披露要求。2022年10月24日，FDIC发布一项最终规定，修订适用于采用CECL方法和FASB的ASU 2022-02准则的大型机构的存款保险评估，将"遇到财务困难的借款人的修改"（modifications to borrowers experiencing financial difficulty）纳入用于确定存款保险评估的两个金融指标（不良资产比率和高风险资产比率）的描述中。最终规定重新定义了重组贷款，将"遇到财务困难的借款人的修改"纳入其中。FDIC将使用该定义计算采用ASU 2022-02准则的大型机构的存款保险评估，并继续使用TDR来评估其余机构。

三是完成对《重大监管裁定上诉指南》的修订。2022年5月，FDIC恢复了监管上诉审查委员会（SARC）对重要监管决策的最终审查职能，通过将重要监管决策提交给SARC进行审查，促进了监管上诉过程的问责制。FDIC对修订后的指南征求意见，包括如何进一步完善上诉过程以包括调解员的观点。针对评论，FDIC在10月提出进一步的流程变更，并征求第二轮意见。FDIC建议加强调解员在上诉过程中的作用，允许其作为SARC的非投票成员，参与受保存款机构提交上诉后的监督过程。FDIC还提议通过与上诉机构共享提交给SARC的材料来提高透明度，并明确规定机构在上诉待决期间有权要求暂停监管决定。2022年12月，FDIC以这些变更为基础完成对指南的修订。

美联储：2022年期间，美联储积极应对银行面临的更具挑战性的经济环境。针对新冠疫情期间存款空前增长，以及存款人如何应对不利条件的问题，监管机构将重点放在评估银行管理流动性相关风险的能力上。美联储还开展额外的审查工作，以评估利率风险及其对企业融资选择的影响。投资证券公允价值的下降，导致银行的流动性和资本面临压力，美联储加大了评估银行信贷风险敞口的力度，特别关注地区和社区银行的商业房地产贷款。除货币政策操作之外，美联储单独以及与其他监管机构联合推出了众多监管举措。

（1）开展压力测试与专项检查。自 2008 年国际金融危机以来，美联储实施了监管压力测试，以改善大型银行机构的资本状况。2022 年 6 月，美联储进行了年度压力测试，结果显示，经过测试的大型银行机构具有足够的资本水平，在严重经济衰退期间可以继续向家庭和企业提供贷款。2022 年 8 月，美联储公布了大型银行的个别资本要求，其中包括基于 2022 年压力测试结果的压力资本缓冲区要求。这些要求自 2022 年 10 月 1 日起生效。此外，美联储还对受托活动、转让代理活动、政府和市政债券交易和经纪，以及网络安全和关键基础设施等领域进行专项检查。

（2）确保运营韧性、信息技术和网络安全。有效的运营风险管理和韧性对于金融机构的安全稳健和美国金融体系的稳定至关重要。美联储提供工具帮助受监管机构管理此类风险。2022 年 10 月，美联储联合联邦金融机构检查委员会（FFIEC）的其他成员，发布更新的《金融机构网络安全资源指南》，以帮助金融机构应对网络安全事件。此外，作为安全稳健监管的一部分，美联储对受监管机构进行运营风险的检查和监测。2022 年，美联储与其他联邦银行监管机构密切协调，

对大型金融机构和服务提供商进行了信息技术（包括网络风险管理活动）的检查和有针对性的网络安全评估，并在《银行服务公司法案》（*Bank Service Company Act*）的授权下，对金融机构技术服务提供商进行检查。

（3）加强对加密资产相关活动的监管。2022 年 8 月，美联储发布名为《受美联储监管的银行机构参与加密资产相关活动》的信函，以解决受监管的银行机构参与加密资产相关活动的问题。该信函概述了银行在从事加密资产相关活动之前应采取的步骤，包括评估此类活动是否受到法律允许以及是否需要监管备案，并要求银行在参与任何加密资产相关活动之前事先向美联储报备。此外，信函还强调，银行应拥有足够的系统和控制措施，以安全、稳健的方式进行加密资产相关活动。

（4）应对气候相关的金融风险。美联储努力增强大型金融机构应对气候变化相关的金融风险的韧性。2022 年，美联储确定两个与气候相关的金融风险的监管重点。9 月，美联储宣布 6 家全美最大的银行将参与一项气候情景分析试点项目，该项目旨在增强监管机构和银行衡量、管理与气候相关金融风险的能力。12 月，美联储就《总资产超过 1 000 亿美元的银行气候风险管理指引》征求意见，并联合 OCC 和 FDIC 发布最终指引。

（5）采取执法行动。2022 年，美联储完成 41 项正式执法行动，总计罚款金额为 3 045.04 万美元，所有罚款上缴美国财政部或联邦紧急管理局。此外，美联储还完成 43 项非正式执法行动，包括谅解备忘录、承诺函、监管函和董事会决议。

（6）提供培训和技术援助。一是向社区银行提供针对 CECL 准则的援助。金融会计准则委员会于 2016 年发布了一项会计准则，

对信用损失的会计处理进行了全面改革，采用基于 CECL 方法的新的减值模型。大约有 200 家银行机构在 2020 年采用了 CECL 方法。其余银行机构将在 2023 年全面采用。2022 年 6 月，美联储发布第二个工具，以帮助社区银行实施 CECL 会计准则。二是支持少数族裔存款机构（MDIs）。2022 年，美联储开展一系列针对 MDIs 的外展活动、网络研讨会和会议。如召集跨机构会议，邀请 MDIs 和社区发展金融机构就当前的挑战、机遇以及监管机构如何提供支持发表见解；举办银行业少数族裔论坛；增加新的 MDIs 认定等。

（7）发布监管政策。2022 年，美联储联合其他监管机构，发布众多政策条例，以促进提升金融体系的安全性、透明度和效率。例如，1 月 10 日，美联储董事会最终确定了一项技术规则，简化了成员银行与联邦储备银行资本股票认购相关的报告要求；6 月 23 日，美联储发布了年度银行压力测试的结果，显示银行拥有强大的资本水平，使其能够在严重衰退期间继续向家庭和企业提供贷款；10 月 3 日，美联储最终确定了关于借记卡交易的规则更新；10 月 14 日，美联储邀请公众就一项拟议规则发表评论，以增强监管机构在大型银行无序破产时的处置能力；12 月 16 日，美联储通过最终规则，确定了基于担保隔夜融资利率（SOFR）的基准利率，以在 2023 年 6 月 30 日后取代 LIBOR；等等。

纽联储：作为美国联邦储备系统中最重要、最具影响力的储备银行，纽联储承担着执行货币政策的任务。从 2021 年 12 月 31 日到 2022 年 12 月 31 日，在紧缩性政策的指引下，

美联储平均每月减持 340 亿美元的美国国债，以及 112 亿美元的机构抵押贷款支持证券。截至 2022 年末，分配至纽联储公开市场系统账户（System Open Market Account，SOMA）中的资产份额为 4.43 万亿美元，较 2021 年末减少 0.48 万亿美元，反映出央行系统资产负债表的收缩趋势[1]。除货币政策操作执行之外，纽联储也是联储系统中最有力的监督者，其在 2022 年继续支持美联储促进金融稳定的使命，并提供安全有效的金融服务。

（二）证券期货业监管

美国各类证券市场及证券业主要由证券交易委员会（Securities and Exchange Commission，SEC）、美国金融业监管局（Financial Industry Regulatory Authority，FINRA）[2]、商品期货交易委员会（Commodity Futures Trading Commission，CFTC）以及市政债券决策委员会（Municipal Securities Rulemaking Board，MSRB）等监管机构监管。

证券交易委员会（SEC）：SEC 的使命是保护投资者，维护公平、有序、高效的市场，并促进资本形成。（1）保护投资者。2022 财年，SEC 开展 760 起执法行动，同比增长 9%，其中独立执法行动 462 起，同比增长 6.5%。执法行动涉及的问题包括发行人的信息披露和会计违规行为、投资咨询问题、证券发行、市场操纵、内幕交易以及经纪商的不当行为等。通过执法行动，SEC 获得总计 64.39 亿美元的罚款。其中，民事罚款达 41.94 亿美元，返还非法所得部分为 22.45 亿美元。（2）维护公平、有序、高效的市场。一是发布重要"拟

---

[1] Consolidated Statements of Condition，Federal Reserve Bank of New York，2022.
[2] 它是美国最大的非政府的证券业自律监管机构，于 2007 年 7 月 30 日由美国证券商协会与纽约证券交易所中有关会员监管、执行和仲裁的部门合并而成，主要负责证券交易商与柜台交易市场的行为，以及投资银行的运作。

议规则",包括加强对环境、社会和治理(ESG)投资实践的披露,针对特殊目的收购公司(SPAC)的新披露规则。二是对金融公司和行业看门人提起诉讼,维护市场秩序。例如,2022年5月,SEC指控安联全球投资者美国有限责任公司(AGI US)和3名前高级投资组合经理涉嫌大规模欺诈,隐瞒复杂期权交易策略的下行风险。2022年9月,SEC指控16家华尔街公司普遍存在记录保存失误。三是加强对加密资产领域的监管。2022年2月,SEC指控加密资产贷款平台BlockFi Lending LLC未能登记其零售加密借贷产品的报价和销售,且未能注册为投资公司。2022年5月,SEC宣布将为其加密资产和网络部门增加20个职位。此外,SEC继续针对非法和操纵加密资产交易采取执法行动。四是持续推进"吹哨人计划"(Whistleblower Program)。"吹哨人计划"旨在激励个人向SEC提供高质量的线索。该计划在2022财年取得成功,SEC向"吹哨人"授予2.29亿美元的奖励,涉及103个奖项;通过了关于"吹哨人计划"的两项规则修正案,旨在鼓励投资者继续向SEC提交有关可能违反证券法的可靠信息。(3)促进资本形成。2022年,SEC采取多项措施,帮助包括小型公司在内的公司参与资本市场。

美国金融业监管局(FINRA)[1]:FINRA一直秉持其保护投资者、维护市场公平的使命,并不断探索创新监管实践。2022年,其主要监管措施如下。一是推进监管转型。继续以技术改造监管,通过采用有效技术解决方案支持监督方式转型,保护投资者和维护市场诚信。二是聚焦公司监管检查,进而

推进更为全面有效的市场监督体系建设。FINRA在监管美国经纪自营商方面发挥着至关重要的作用。2022年,FINRA平均每天监测4 270亿次市场活动,以监测市场潜在的欺诈行为。全年监管处罚罚金合计0.545亿美元,返还受害投资者0.26亿美元。此外,7家公司被处以退市,328个经纪人/机构被处以暂停开展业务,227个经纪人/机构被禁止业务准入。三是与SEC等其他联邦、州监管机构密切配合,提升综合监管效率。2022年,FINRA与其他执法机构联合提起663例案件诉讼。四是积极提升市场的公正度和透明度。FINRA投资者教育基金会自成立以来,已支付超过1.286亿美元资金用于财务能力和欺诈预防相关教育培训;另推出老年人证券热线,自2015年4月开通以来至2022年12月,共收到2.74万个电话咨询,为老年投资者追回超840万美元损失。

商品期货交易委员会(CFTC)[2]:CFTC主要负责监管美国衍生品市场,包括大宗商品期货、期权以及掉期交易等。2022年,CFTC的主要任务集中在以下几个方面。(1)完善规则制定。2022年,CFTC发布了3项最终规则。一是通过CFTC监管准则第12部分的最终规则:对与赔偿相关的规则进行技术修订,将裁判官职务变更为行政法官,并在适用情况下采用性别中立的语言。二是通过了第143部分最终规则:对民事罚款进行年度调整以反映2022年的高通货膨胀。三是通过了第50部分最终规则:修改现有的利率互换清算要求,以反映全球市场从参考银行间报价利率(如伦敦银行间报价利率LIBOR)转向参考无风险隔夜利率的市场变化。(2)加

---

① 资料来源:FINRA,Annual Financial Report,2022。
② 资料来源:CFTC,Agency Financial Report,2022。

强执法。CFTC 在 2022 财年共开展 82 起执法行动，获得超过 25 亿美元的货币罚款，包括民事罚款、返还非法所得和赔偿金。其中，18 起行动涉及数字资产相关的指控，包括市场操纵、欺诈以及去中心化自治组织（DAO）的未授权经营。（3）推动 CFTC 数字化转型。CFTC 在数据和应用程序云迁移方面取得实质性进展，增强其人工智能、机器学习和自然语言处理方面的能力，使 CFTC 能够将非结构化的金融数据转化为适合分析的结构化数据。（4）解决清算过程中的系统性风险。一是发布监管修正案，要求衍生品清算组织（Derivatives Clearing Organization，DCO）建立风险管理委员会和咨询工作组，并明确委员会和工作组的组成、活动、政策及程序标准。二是针对俄乌冲突及相关制裁，CFTC 联合其他监管机构，解决受影响的市场参与者的风险敞口，确保期货市场在极端波动期间有序运营。（5）加强监管合作与协调。CFTC 联合 SEC 发布联合提案，以增强私募基金报告要求，并加强对私募基金顾问的监管；联合其他金融监管机构评估美国国债市场的稳定性，并确定潜在改革措施；成立跨部门数字商品工作组，应对关于确保数字资产负责任发展的行政命令要求。

市政债券决策委员会（MSRB）：面对近 4 万亿美元的市政债券市场，作为自我监管型组织的 MSRB，一直致力于维护市政债券市场的公正有序。（1）完善监管规则，创造更加公平和高效的市场，包括：提出针对市政顾问的独立规则，为市政顾问建立核心行为准则；授权对 G-40 规则进行修订，允许市政顾问在限制条件下使用推荐书，修订后的

规则与适用于 SEC 注册投资顾问的规则保持一致；将"最佳利益"规定应用于银行交易商在 G-19 规则下的市政债券活动；等等。（2）提高 EMMA 系统的现代化水平，增强市场透明度。2022 年，MSRB 继续改善 EMMA 系统的数据信息，包括：添加债券收益率曲线，为投资者提供了解市政利率水平的工具；在 EMMA 的新发行日历中添加新功能，指示即将发行的市政债券是否符合某些环境、社会和治理（ESG）标准。（3）提高市场数据质量，增强投资者和发行人保护。一是启动 EMMA Labs[①]，为 MSRB 与市场参与者的交流开辟新的技术路径。EMMA Labs 首次推出两个活动实验室——关键字搜索引擎（可对以 PDF 格式提交的非结构化数据信息进行结构化处理），以及市场分析仪表板（用户能够看到可视化市场趋势）。二是提供市场研究报告，帮助决策者、市场参与者、公众理解市政债券市场。2022 年 MSRB 发布《市政债券的首次发行：COVID-19 危机对竞争性和协商性发行的影响》《客户与替代交易系统（ATS）的交易》等研究成果。（4）维护公众信任。作为自律组织，MSRB 有义务对受监管实体收取的费用进行审慎管理。2022 年，MSRB 建立了更灵活、更可持续的费用模型。新模型在受监管实体之间保持公平的费用分配，并确保 MSRB 拥有足够的年度收入和组织储备，以应对各类经济冲击。

（三）保险业监管

纽约保险业监管主要分为三个层面：一是州立法机关制定的保险法规。二是司法监督管理，主要由州立法院在保险合同双方发

---

① EMMA Labs 是 MSRB 的创新沙盒，市场参与者可以合作测试并提供关于 EMMA 网站新工具的反馈。EMMA Labs 还设有 Idea Labs，市场参与者可以在其中贡献未来实验室、工具和合作伙伴关系的想法。

生纠纷后进行判定。三是行政监督管理，目前主要由纽约州金融服务局（Department of Financial Services, DFS）承担。2022年，纽约市保险业监管基本制度框架变化不大，监管机构主要在一些具体的领域开展工作。

（1）财产局（Property Bureau）：财产局监督财产和意外伤害保险公司的财务状况和市场行为，共监管超1 167家实体。受监管实体总资产达2.4万亿美元，净保费总额超6 660亿美元。2022年，财产局对财产和意外伤害保险公司的承保、费率和理赔实践进行调查，以确定其是否符合纽约法规和部门规定；财产局的财务部门开展各项审查工作，包括受监管实体的财务状况、控股公司体系内的并购和交易、国内外保险公司的许可申请、国外再保险商的认证等，市场部门则负责审查各类保险的保单和费率申报。

（2）健康局（Health Bureau）：健康局对意外和健康保险负有监管责任，共监管93家意外和健康保险公司。受监管实体总资产732亿美元，保费总额587亿美元。2022年，健康局在若干重要领域发布了指导意见并确立要求，包括：COVID-19疫苗接种和检测，猴痘病毒检测的覆盖率，审查实践的使用，早期干预服务的覆盖率，保险卡的最低内容要求，针对提供商目录错误信息的消费者保护。

（3）人寿局（Life Bureau）：人寿局监管超过630家受监管实体（其中包括128家持牌人寿保险公司），总资产超过3.9万亿美元，保费超过2 940亿美元。2022年，人寿局通过建立财务标准（风险资本、准备金、会计等）监管保险公司的财务状况，如定期检查保险公司的财务活动，评估准备金充足性和流动性风险，分析受监管实体提交的财务报表和精算报告等；通过建立市场行为标准（产品条款、替换、理赔实践等），定期检查保险公司的销售和营销实践，调查特定的市场活动，并分析市场数据；通过建立和执行公司标准（公司治理、控股公司、许可要求等）监管公司行为，并审查经营许可、公司重组并购和控股公司交易等活动。

（4）药房福利局（Pharmacy Benefits Bureau）。为应对因处方药成本的增加而带来的医疗保险费用的上涨，药房福利局成立于2022年5月，其职能包括向药品福利管理机构（Pharmacy Benefit Managers, PBM）[①]颁发许可证，以约束其对医疗保健成本和质量的影响。该局通过一套全面的注册、许可、检查和报告要求对PBM进行监管。2022年，药房福利局收集并分析了57份年度报告，以了解PBM的运营情况，包括合同安排和现金流状况。此外，药房福利局在下半年对47起消费者和药店投诉进行调查，共追回16.95万美元。

（5）许可证部门（Licensing Unit）：2022年，许可证部门颁发了331 561张经营许可，涵盖代理人、经纪人、再保险中介、产权代理人和人寿结算经纪人等，收取超2 600万美元的费用。此外，作为持牌和未经授权的保险公司的流程服务代理人，2022年，许可证部门处理了25 251起针对保险公司的诉讼程序。

---

① 药品福利管理机构是健康险公司和药品制造商之间的第三方，帮助药品制造商、药房和医疗保险提供商之间协商成本和付款。

第四章
伦敦国际金融中心发展情况

得益于得天独厚的地理位置、悠久的金融市场发展历史、完善的法制环境、国际一流金融人才聚集等优势，伦敦在诸多国际金融中心中享有国际领先地位。伦敦金融城位于大伦敦中心，云集了全球具有重要影响力的银行、证券、保险机构及辅助金融机构。伦敦金融城金融市场高度成熟，拥有全球最大的外汇交易市场和场外利率衍生品交易市场、全球第二大法律服务业、全球第五大银行部门，国际基金管理行业也在全球名列前茅。伦敦也是欧洲对冲基金、私募股权基金、私人银行、交易所交易衍生品中心。[1]

一、经济金融社会发展概况

英国的金融业高度集中于大伦敦 33 个自治区之一的伦敦金融城。2021 年，英国金融业对 GDP 贡献率超过 12%，为各行业最高。金融业为政府提供的税收高达 1 000 亿英镑，并为英国带来 630 亿英镑的贸易顺差，居各行业之首。英国金融业顺差总额名列全球第一，高于美国（620 亿英镑），且超过法国、德国、新加坡和中国香港的总和。[2] 美国是英国金融服务出口的最大单一目的地，占出口总额的 34.1%，欧盟成员国的占比为 29.0%。伦敦创造的贸易顺差接近英国的一半。[3]

发达的金融业和先进的相关专业服务为英国创造了大量的就业岗位。英国金融服务业的就业人数达 111.1 万人，其中，银行业 36.2 万人、保险业 35.8 万人、基金管理业 8.0 万人，其他金融服务业 31.1 万人。金融相关专业服务的就业人数达 134.1 万人，其中，管理咨询行业 50.7 万人、财会类 45.9 万人、法律服务 37.5 万人。伦敦是金融及相关专业服务从业人员最集中的地区，人数高达 86.8 万人，占全国的 35.4%。[4]

英国是金融和专业服务海外直接投资（FPS FDI）的首选目的地之一。2022 年，英国的 FPS FDI 达到 21 亿英镑，创造近 15 000 个就业机会。与 2021 年相比，FDI 投资额增长 68%，项目数量增长 39%。在过去的五年中，伦敦一直是全球金融服务 FDI 的首选目的地，共实现 779 个投资项目。美国是英国金融服务 FDI 最大的外国投资者，投资管理公司占金融服务 FDI 项目的三分之一。

英国国家统计局（Office of National Statistics）公布的数据显示，2021 年英国金融服务部门总增加值（GVA）达 1 736 亿英镑，占全部经济产出的 8.3%，其中伦敦的贡献达一半左右。[5]

二、金融服务业与金融机构

（一）银行业

伦敦是全球最大的国际银行业务中心。

---

[1] TheCityUK，Size and Importance of UK-Based Financial and Related Professional Services.
[2] 数据来源：State of the Sector: Annual Review of UK Financial Services 2023。
[3] 数据来源：Key Facts about UK as an international Financial Center 2022。
[4] 数据来源：Key facts about UK-based Financial and Related Professional Services 2022。
[5] 数据来源：Financial Services: Contribution to the UK Economy 2022。

国际银行业务占所有银行业务的半壁江山，英资银行所持有的资产中约一半为海外资产。伦敦也是全球最重要的私人银行与投资银行中心。许多国际知名银行都在伦敦开展私人银行和投资银行业务。伦敦拥有超过180家外资银行，领先于纽约、巴黎、法兰克福等国际金融中心。①

英国是全球最大的跨境银行业务中心，截至2022年第四季度，英国跨境银行贷款余额占全球总额的15.5%（4.4万亿英镑），跨境银行借款余额占全球总额的16%（4.5万亿英镑）。英国拥有8 000多家银行及分支机构，约有36万人直接从事银行业工作。截至2022年第三季度，英国银行业总资产为12.4万亿美元（9.8万亿英镑），名列欧洲第二、全球第五，仅次于中国（61.7万亿美元）、美国（22.7万亿美元）、法国（12.6万亿美元）和日本（12.4万亿美元）。

英国银行业提供广泛的金融产品和服务，不断提高的服务效率促进了银行开户的普及程度，英国的账户拥有率达到99%。近年来，金融服务公司投资了数十亿英镑在互联网和移动银行以及非接触式支付等创新服务上，零售金融正经历一场数字化支付的革命。2021年，现金支付比上年同期减少2%，占全部支付方式的比例为15%；网上银行的普及率上升到86%，57%的用户使用移动客户端访问银行账户。2021年，非接触式支付卡的年交易额达到131亿笔，同比增长36%②。

根据英格兰银行统计，截至2022年末，英国本国银行持有的金融衍生品资产40 114.00亿英镑，金融衍生品负债39 719.74亿英镑，净头寸394.26亿英镑。其中，外资银行持有的金融衍生品资产达15 673.60亿英镑，占资产总额的39.07%；金融衍生品负债15 702.23英镑，占负债总额的39.53%（见表4–1）。

表4–1 英国本地银行持有的金融衍生品头寸

单位：百万英镑

类型	2022年末		2021年末		2020年末	
	资产	负债	资产	负债	资产	负债
建筑协会	439 175	446 360	377 360	376 722	523 705	520 660
公共部门	3 246	2 353	1 712	1 747	2 698	2 736
其他金融公司	1 477 481	1 439 965	645 733	647 904	790 922	801 557
其他国民	28 394	23 049	29 117	16 160	28 316	15 443
外资银行	1 567 360	1 570 223	1 065 341	1 043 083	1 342 024	1 278 221
其他非居民	495 745	490 024	420 045	410 970	515 149	511 317
合计	4 011 401	3 971 974	2 539 308	2 496 586	3 202 814	3 129 934

数据来源：英格兰银行。Bankstats Table F1.1。
注：建筑协会的英文是 building society，该协会提供银行及相关金融服务，特别是储蓄和抵押贷款。

① 数据来源：Key Facts about the UK as an International Financial Centre 2022。
② 数据来源：Key Facts about UK-based financial and related professional services 2022。

（二）证券期货业

截至 2022 年 12 月末，伦敦证券交易所集团共有 1 934 家上市公司，总市值为 3.10 万亿美元。伦敦证券交易所集团拥有 328 家外资上市公司，全球排名第五，仅次于维也纳证券交易所（798 家）、纳斯达克（865 家）、纽约—泛欧交易所集团（587 家）、莫斯科交易所（647 家）和保加利亚交易所（371 家）[①]。

2022 年，伦敦证券交易所集团电子订单交易达 3.85 亿笔[②]，较 2021 年减少 7.4%；交易额为 1.63 万亿英镑，同比下降 1.4%。其中，伦敦证券交易所（LSE）的交易量为 2.18 亿笔，成交金额为 1.16 万亿英镑，较 2021 年分别下降 6.8% 和增长 3.1%。交易平台 Turquoise 的交易量为 1.68 亿笔，成交金额为 0.47 万亿英镑，较 2020 年分别下降 8.2% 和 11.0%[③]。

英国是全球衍生品交易中心，多个国际领先的衍生品交易所集聚伦敦。其中包括全球最大的有色金属交易所——伦敦金属交易所（LME），欧洲最大的能源期货交易所——ICE Futures Europe，主要从事欧洲和全球股权衍生品交易的伦敦绿松石期货交易所（Turquoise Derivatives London），以及建立在伦敦的芝加哥商品交易所集团欧洲分部（它是芝加哥商品交易所集团的第一个海外交易所，主要从事利率衍生品交易）。

（三）保险业

英国保险业规模名列欧洲第一、全球第三，由保险公司、劳埃德（Lloyd's Market）、中介，以及各类专业支持性机构组成。

英国保险业是英国经济的重要组成部分。2021 年，保险业向政府提供 172 亿英镑税收。此外，英国保险业管理着 1.7 万亿英镑的投资资金。截至 2022 年 9 月，在英国开展业务的保险公司有 402 家，其中，224 家公司从事事故和疾病领域的业务，201 家公司从事火灾和财产损失领域的业务，195 家从事汽车保险业务[④]。保险业从业人员达 35.8 万人。[⑤]

英国保险业国际化程度较高，在全球最大保险公司中名列前茅。英国是欧洲最大的保险资金与养老金来源地。2022 年，英国保险公司保费收入为 3 630 亿美元，占全球的 5.4%；保费排名位于美国（29 598 亿美元）和中国（6 978 亿美元）之后，居全球第三位。保险深度和保险密度分别为 11.1% 和 4 523 美元，居国际前列。[⑥]

伦敦也是保险和再保险的国际交易中心，是全球前 20 大保险与再保险公司集聚地，市场主要经营者包括保险公司、劳埃德、保赔协会和经纪人。伦敦保险市场的国际化程度很高，68% 的保费收入源自海外。根据伦敦国际保险业协会（IUA，保险和再保险公司的代表机构）的数据，2011 年至 2021 年，在伦敦运营的非劳埃德、批发保险和再保险公司保费年均增长 5.5%，达到 357 亿英镑。[⑦]此外，伦敦拥有全球最大的专业保险市场，覆盖全球 42% 的专业保险业务。

---

① 数据来源：WFE。
② 统计口径较上一年发生改变，剔除 MTS Repo 等的统计。LSE 电子订单仅包括英国订单。
③ 数据来源：Monthly Market Report December 2022，LSE。
④ 大部分保险公司的业务覆盖多个领域，各领域加总的和超过保险公司总数。
⑤ 数据来源：UK Insurance and Long Term-Savings Key Facts 2022。
⑥ 数据来源：Swiss Re 2023。
⑦ 数据来源：Key Facts about the UK as an International Financial Centre，2022。

三、金融市场运行

英国金融市场主要集中在伦敦，是世界上历史最悠久、规模最大、国际化程度最高的金融市场之一。

（一）货币信贷市场

英国货币市场的主要参与者包括银行、其他金融机构和非金融企业。交易类型分为担保交易和无担保交易。交易工具包括存贷款、商业票据、回购和大额可转让存单等。该市场作为英格兰银行实施利率政策和提供流动性的主要渠道，在传导货币政策和维护金融稳定方面发挥着重要作用。

根据英格兰银行统计，2022年第四季度，英格兰银行的日均回购交易量为1 445.41亿英镑，交易量稳步上升；日均回购余额为4 402.11亿英镑，余额较前三个季度有所下降。2022年第四季度，英格兰银行的日均逆回购交易量为998.47亿英镑，交易量较前两个季度略有上升；日均逆回购余额为5 235.93亿英镑，余额较前三个季度有所下降（见表4-2）。

表 4-2　英国回购和逆回购

单位：亿英镑

指标	2022 年第四季度	2022 年第三季度	2022 年第二季度	2022 年第一季度
回购				
日均回购交易量	1 445.41	1 436.65	1 419.95	1 368.85
日均回购余额	4 402.11	4 529.25	4 458.65	4 748.03
逆回购				
日均逆回购交易量	998.47	980.99	978.01	1 012.73
日均逆回购余额	5 235.93	5 694.39	5 669.63	5 928.08

数据来源：英格兰银行。

2022年，英国金融机构向非金融企业贷款余额为5 402.98亿英镑，比上年末增加140.64亿英镑（见表4-3）。从贷款投向看，对中小企业的贷款余额为1 973.84英镑，占比为36.5%；对大型企业的贷款余额为3 429.14亿英镑，占比为63.5%。

表 4-3　英国金融机构向非金融企业贷款余额

单位：亿英镑

年份	贷款（不含透支）	透支	总贷款
2015	3 934.01	361.41	4 295.42
2016	4 112.73	377.87	4 490.60
2017	4 195.24	459.69	4 654.93
2018	4 276.53	485.84	4 762.37
2019	4 428.62	468.51	4 897.13
2020	4 873.46	423.38	5 296.84
2021	4 896.19	366.15	5 262.34
2022	4 971.99	430.99	5 402.98

数据来源：英格兰银行，Bankstats Tables，表 A8.1。

（二）金融衍生品市场

英国的金融衍生品市场以种类丰富、交易活跃而闻名，其金融衍生品包括利率衍生品、外汇衍生品、大宗商品与股权衍生品和信用衍生品等，利率衍生品、外汇衍生品工具还分为掉期、期权、期货和远期等。

2022 年 4 月，英国场外利率衍生品的市场份额从 2019 年同期的 50% 下降至 45.5%，但依旧保持全球最大的场外利率衍生品交易中心的地位。同期，美国的全球市场份额从 32% 下降至 29.3%。[①] 2022 年 4 月，英国场外利率衍生品的日均交易量为 2.63 万亿美元，低于 2019 年 4 月的 3.67 万亿美元。

截至 2022 年末，英国本地银行共持有金融衍生品总资产 4.01 万亿英镑，总负债 3.97 万亿英镑，净资产 394 亿英镑。金融衍生品资产方面，按交易对手分，外资银行、其他金融机构、其他外资机构这三类交易对手的头寸最高，分别为 1.57 万亿英镑、1.48 万亿英镑和 4 957 亿英镑。从金融衍生品类型看，利率衍生品资产余额最高，达 2.73 万亿英镑，其中，利率掉期 2.55 万亿英镑，利率

期权 1 741 亿英镑，利率远期与期货 22 亿英镑，其他利率衍生品 60 亿英镑。外汇衍生品资产总额 1.00 万亿英镑，其中，外汇掉期 5 044 亿英镑，外汇期权 766 亿英镑，外汇远期与期货 4 217 亿英镑，其他外汇衍生品 600 万英镑。大宗商品与股权衍生品资产总额为 2 269 亿英镑，信用衍生品资产总额为 498 亿英镑。

金融衍生品负债方面，按交易对手分，外资银行、其他金融机构、其他外资机构这三类交易对手的头寸最高，分别为 1.57 亿英镑、1.44 万亿英镑和 4 900 亿英镑。从金融衍生品类型看，利率衍生品负债余额最高，达 2.69 万亿英镑，其中，利率掉期 2.50 万亿英镑，利率期权 1 857 亿英镑，利率远期与期货 17 亿英镑，其他利率衍生品 92 亿英镑。外汇衍生品负债总额 9 897 亿英镑，其中，外汇掉期 4 817 亿英镑，外汇期权 776 亿英镑，外汇远期与期货 4 304 亿英镑，其他外汇衍生品 800 万英镑。大宗商品与股权衍生品负债总额为 2 363 亿英镑，信用衍生品负债总额为 534 亿英镑（见表 4-4）。

表 4-4　英国本地银行持有的金融衍生品头寸

单位：百万英镑

分类		2022 年末		2021 年末		2020 年末	
		资产	负债	资产	负债	资产	负债
利率	掉期	2 549 540	2 495 810	1 415 477	1 338 994	1 930 541	1 826 038
	期权	174 148	185 714	137 217	142 029	185 352	193 070
	期货和远期	2 202	1 738	938	1 025	2 292	2 532
	其他	6 037	9 234	2 642	2 237	8 045	6 787

---

① Foreign Exchange and OTC Derivatives Markets Turnover Survey，2022。该报告每 3 年更新一次。

续表

分类		2022 年末		2021 年末		2020 年末	
		资产	负债	资产	负债	资产	负债
外汇	掉期	504 424	481 732	269 873	272 128	316 782	314 807
	期权	76 599	77 568	52 242	53 336	80 206	81 086
	期货和远期	421 716	430 430	327 529	328 996	352 973	358 387
	其他	6	8	3	7	2	3
大宗商品与股权		226 923	236 292	248 913	270 470	253 128	271 751
信用衍生品		49 806	53 448	84 475	87 363	73 493	75 473
合计		4 011 401	3 971 974	2 539 309	2 496 585	3 202 814	3 129 934

数据来源：英格兰银行，Bankstats Tables，表 F1.1。

洲际交易所欧洲分部（ICE Futures Europe）提供利率与股权衍生品交易。2022年，该交易所累计利率衍生品交易 5.27 亿手，其中期货 4.21 亿手，期权 1.00 亿手；股权衍生品交易 0.84 亿手，其中期货 0.59 亿手，期权 0.25 亿手。[①]

（三）资本市场

1. 股票市场

伦敦证券交易所共分四个市场，分别是主板市场、另类投资市场（Alternative Investment Market，AIM）、专业证券市场（Professional Securities Market，PSM）以及专业基金市场（Professional Fund Market，PFM）。伦敦证交所提供的证券交易类别广泛，包括英国股票、国际股票、ETF 与证券化衍生品、存托凭证（Depository Receipts）、债务、优先股、普通股认购权证（Equity Warrants）、打包证券单位（Package Units）和可转换证券等。

伦敦拥有欧洲最大的股票市场，截至2022 年 12 月末，伦敦证券交易所集团共有 1 934 家上市公司，总市值为 3.10 万亿美元。[②]

主板市场：截至 2022 年 12 月末，主板市场共有上市企业 1 106 家，其中，英国企业 914 家、国际企业 192 家。总市值为 3.6 万亿英镑，其中，英国企业市值 2.5 万亿英镑，占比为 69.4%，国际企业 1.1 万亿英镑，占比为 30.6%。在主板上市公司分布上，大公司市值占比较高。其中，市值在 500 亿英镑以上的超大型公司共有 17 家，尽管数量仅占总上市公司数的 1.5%，但股票市值占主板市场的 47.2%。市值在 20 亿英镑以上的公司共有 185 家，其市值占主板市场总市值的 90.7%。

另类投资市场：该市场成立于 1995 年，是专为高速成长的中小企业提供融资渠道的资本市场。截至 2022 年 12 月末，另类投资市场共有上市企业 816 家，其中，英国企业 705 家、国际企业 111 家，总市值为 932 亿英镑。

专业证券市场：专业证券市场是一个创新、专业化的市场，旨在满足发行人的特定需求，通过向专业投资者发行专业债务证券

---

① 数据来源：ICE Report Center，www.theice.com/marketdata/reports/7。
② 数据来源：WFE Annual Statistics 2022。

或存托凭证（DR）筹集资金。

专业基金市场：专业基金市场是伦敦证券交易所为机构投资者提供的封闭式投资基金市场，包括私募股权基金、对冲基金、单一和多策略基金、专业地域基金、专业地产基金、基础设施基金、主权财富基金和单一策略基金等。

在一级市场上，2022年，伦敦证交所主板市场共发行55只新股，其中，英国企业44家、国际企业11家。总募集资金15.11亿英镑，其中，英国企业募集6.88亿英镑，占比为45.5%，外国企业募集8.23亿英镑，占比为54.5%。687家上市企业完成再融资68.89亿英镑，其中，本国企业628家、国际企业59家。AIM市场新发行19只新股，其中，英国企业17家、国际企业2家，总募集资金1.36亿英镑。1 442家企业完成再融资22.27亿英镑，其中，英国企业1 181家、国际企业261家。

在二级市场上，2022年，伦敦证交所成交额总计1.16万亿英镑，同比上升3%。其中，主板市场成交额1.14万亿英镑，同比增长4%；AIM市场交易额171亿英镑，同比下降31%。[①]

2. 债券市场

英国债券市场组成如下：

（1）政府债券。政府通过发行政府债券筹集资金。其中，英国市政债券服务局（Municipal Bonds Agency）协助各地政府以较低成本进行融资，所得资金主要用于基础设施和房屋建造等。截至2022年12月，英国政府债券规模达到2.4万亿美元。

（2）其他英国固定利率债券，包括可转换债券、优先股及其他由公司、地方政府和银行发行的债券。

（3）国际债券。伦敦日益成为国际债券发行与交易中心。截至2022年第四季度，英国的国际债券规模达3.2万亿美元，居世界首位，约占全球总量的11.8%。[②]

英国是全球绿色金融的积极推动者，伦敦证交所自2015年起引入绿色债券专业板块，吸引了中国、印度和中东地区首批经过认证的绿色债券以及亚太地区和美洲地区首批绿色主权债券。该板块于2019年10月被可持续债券板块替代。截至2022年末，已有超300只债券在伦敦证交所可持续债券板块上市，筹集资金超700亿英镑。[③]

3. 基金市场[④]

伦敦是全球领先的基金管理中心之一，截至2021年，英国管理的资产总额达到创纪录的12.6万亿美元（11.6万亿英镑）。英国基金业国际化程度较高。首先，在机构层面英国汇聚了大量本国与外国基金公司；其次，从投资方向上看，股权类投资中，海外投资占比达77.2%，债权类投资中，海外投资占比为55.4%。此外，在服务对象上，为海外客户管理的基金总额达6.3万亿美元（4.6万亿英镑）。

在传统投资领域，英国是欧洲最大的养老基金来源地，2021年，养老基金管理规模达3.9万亿美元，占全球总额的6.8%。养老金资产与GDP比率达124.1%，在全球名列前茅。此外，英国的保险资金和共同基金规

---

① 数据来源：伦敦证券交易所网站。

② 数据来源：Summary of Debt Securities Outstanding, BIS。

③ 数据来源：伦敦证券交易所网站。

④ 本部分数据主要来源为：Key Facts about the UK as an International Financial Centre 2022；Key Facts about UK-Based Financial and Related Professional Services。

模也居世界前列，规模分别为 3.1 万亿美元和 1.8 万亿美元（见表 4—5）。

表 4—5　传统型投资管理资产

单位：十亿美元

国家或地区	养老基金（2021.12）	保险资金（2020.12）	共同基金（2022.6）
美国	35 011	7 932	28 457
日本	3 683	4 023	1 944
英国	3 858	3 069	1 832
法国	154	977	2 128
加拿大	3 420	—	1 633
其他	10 449	19 099	23 917
全球	56 575	35 100	59 911

数据来源：Key Facts about the UK as an International Financial Centre，2022。

伦敦是仅次于纽约的全球第二大对冲基金管理中心。2021 年，英国对冲基金规模为 4 800 亿美元（3 350 亿英镑），约占全球的 10%，一直保持欧洲第一的位置。英国还是众多对冲基金管理服务中心，如机构经纪、托管和审计等。

英国拥有发达的私募股权市场。2021 年，英国私募股权基金的总投资额为 378 亿美元（295 亿英镑），居欧洲首位；英国的被投公司则获得来自全球的 456 亿美元（333 亿英镑）股权投资。伦敦是欧洲最大的私募股权投资与基金管理中心，2018 年至 2021 年，英国私募股权业为 6 461 家公司提供了 1 410 亿美元（1 029 亿英镑）的投资。

（四）外汇市场

英国外汇市场在全球居领先地位。根据 2022 年 4 月数据，英国外汇交易量占全球的 38.1%，低于 2019 年 4 月的 43.2%。2022 年 4 月，英国日均外汇交易额为 3.76 亿美元，

高于 2019 年 4 月的 3.58 亿美元。[1]

英国外汇市场主要是场外市场，由即期交易、无交割远期、直接远期、外汇掉期、货币互换、外汇期权等市场构成。其主要参与者包括报告交易商、银行、其他金融机构和非金融机构等。

根据外汇交易联合常设委员会(The Foreign Exchange Joint Standing Committee) 统计数据[2]，2023 年 4 月，英国外汇日均交易量达 3.1 万亿美元，较 2022 年 10 月上升 8%，较 2022 年 4 月下降 5%。各类外汇交易工具交易量涨跌不一（见表 4—6）。与 2022 年 10 月相比，外汇互换交易额为 1.45 万亿美元，增长 9%；即期交易额下降 3%；直接远期外汇合约交易额和无本金交割远期（NDF）分别上涨 44% 和 4%；期权交易额下降 1%；货币互换交易额上涨 16%。

从货币对看，2023 年 4 月，美元 / 欧元货币对的交易最为活跃，日均交易额为 9 131 亿美元，较 2022 年 10 月增长 15%，较 2022

---

① Foreign Exchange and OTC Derivatives Markets Turnover Survey，2022。该报告每 3 年更新一次。
② Results of the Semi-Annual FX Turnover Surveys in April 2022.

年 4 月下降 4%。排名第二的美元 / 英镑货币对日均交易额为 3 781 亿美元,较 2022 年 10 月下降 6%,较 2022 年 4 月下降 7%。美元 / 日元货币对的交易额从 2022 年 10 月的 3 036 亿美元上升至 3 738 亿美元,上升幅度为 23%,排名第三。美元 / 人民币货币对的交易额为 685 亿美元,较 2022 年 10 月下降 21%,较 2022 年 4 月的历史最高水平下降 40%。

表 4-6 英国外汇市场数据

单位:十亿美元、%

种类	2023 年 4 月	2022 年 10 月	2022 年 4 月	2021 年 10 月	2021 年 4 月	2020 年 10 月
日均交易量						
交易总量	3 117	2 873	3 273	2 758	2 948	2 582
即期	876	901	884	730	805	706
远期	593	452	505	453	451	391
外汇互换	1 447	1 322	1 687	1 428	1 527	1 333
货币互换	36	31	26	28	37	25
期权	165	167	170	119	128	127
交易币种占比						
美元	89	89	90	89	90	88
欧元	38	37	37	36	39	39
日元	14	13	14	13	14	14
英镑	16	18	17	20	17	18
澳大利亚元	4	5	6	6	5	5
瑞士法郎	8	7	6	5	5	6
加拿大元	5	5	6	5	5	5
其他货币	26	26	24	26	25	25
全部货币	200	200	200	200	200	200

数据来源:英格兰银行。

(五)商品市场

1. 商品期货市场

伦敦拥有下述重要大宗商品衍生品交易所:全球领先的有色金属交易所伦敦金属交易所(LME),欧洲最大的能源产品交易所 ICE 期货欧洲交易所。其中,ICE 经收购交易,将欧洲最大的软商品交易所 NYSE Liffe 纳入旗下。此外,伦敦还有数家全球知名大宗商品组织,包括国际咖啡组织(International Coffee Organization)、粮食和饲料贸易协会(The Grain and Feed Trade Association)和国际糖业组织(International Sugar Organization)等。伦敦作为重要的国际金融中心,成为参与大宗商品交易的国际企业、投资银行和其他金融机构的交易首选之地。

伦敦金属交易所是世界工业用金属交易中心。其三个交易平台(LME select 电子交易平台、交易圈和 24 小时电话交易平台)的价格被作为全球基准价,并用于企业和投资机构的风险管理。该交易所提供 14 种金属的 6 种不同合约,含有色金属、黑色金属、贵金属和小金属4大类,包括铝、铜、锌、镍、铅、锡、铝合金、北美特种铝合金（NASAAC）、螺纹钢、废钢、黄金、白银、铂金、钯、钼和钴等。提供的交易合约包括期货、期权、交易平均价期权、月均期权、LME小型期货合约和指数产品等。

按金属分,2022年,LME金属交易量为1.34亿手,低于2021年的1.45亿手,下降7.6%。其中,铝合约自1978年问世以来,一直是该交易所流动性最高的品种,2022年共交易5 582万手,较2021年下降8.3%。铜合约是该交易所1877年建立时提供的第一个交易品种,2022年合约交易量为3 098万手,较2021年下降1.3%。铅合约交易1 069万手,较2021年下降0.9%。镍合约于1979年引入交易,作为生产不锈钢和电池的重要组成部分,对能源行业的发展,尤其是代表未来发展的电动汽车业,具有举足轻重的影响。2022年镍合约交易量为1 253万手,较2021年下降27.8%。锡合约交易101万手,比2021年下降1.9%。锌合约最早于1920年上市,也是流动性最强的交易品种之一,被许多经济学者称为全球经济的"晴雨表",2022年合约交易2 246万手,较2021年下降2.8%。

按工具分,2022年,期货合约交易1.27亿手,较2021年下降8.0%;期权合约交易716万手,较2021年增长6.5%。[1]

洲际交易所欧洲分部（ICE futures Europe）为原油、利率、股权衍生品、天然气、电能、煤炭、二氧化碳排放和软商品等提供期货与期权合约交易。2022年,交易所

的合约成交量为11.36亿手,其中,期货合约9.66亿手、期权合约1.70亿手。利率和布伦特原油是交易量前两名的标的。在期货合约中,利率合约和布伦特原油合约交易量分别为4.21亿手和2.35亿手。在期权合约中,利率合约和布伦特原油合约交易量分别是1.00亿手和3 150万手。[2]

2. 伦敦金银市场

在伦敦,大量的贵金属交易通过场外市场进行。伦敦金银市场由伦敦金银市场协会（London Bullion Market Association,LBMA）主办。作为全球著名贵金属批发市场标准制定机构,该协会不是一家交易所,而是一家金银市场的代表性机构。其成员分为做市商和普通会员两类,包括银行、制造商、提炼商、运输商和经纪商等。该组织全球会员企业数超140家。

2022年,伦敦黄金持有量为2.9亿盎司（约5 203亿美元）,较上一年减少1 879万盎司;白银持有量为8.4亿盎司（约195亿美元）,较上一年增加3.2亿盎司。[3] 在LBMA价格竞拍中,绝大多数的黄金和白银都通过中央清算渠道进行清算。2022年,通过伦敦金银市场协会清算的日均金银交易量分别为3 000万盎司（约540亿美元）和2.97亿盎司（约69亿美元）。[4]

四、金融监管

（一）金融政策委员会

英国央行金融政策委员会（Financial

---

① 数据来源: Annual Trading Volumes,LME。
② 数据来源: ICE网站,https://www.theice.com/marketdata/reports/7。
③ 数据来源: Vault Holding Data,LBMA。
④ 数据来源: Clearing Statistics,LBMA。

Policy Committee，FPC）是国际金融危机后为保持金融稳定而引入的新监管体系的一部分，负责识别、监控并采取行动消除或降低系统性风险，以保护和增强英国金融体系的弹性。FPC 的次要目标是支持政府的经济政策。FPC 有两套权力——指导权力和推荐权力：有权指示监管机构对一些具体的政策工具采取行动，可以提出降低金融稳定风险的建议。

FPC 通常有 13 个成员，其中 6 人是英国央行（Bank of England）员工：行长、4 名副行长以及负责金融稳定战略和风险的执行董事。该委员会还包括金融行为监管局（Financial Conduct Authority，FCA）的首席执行官和英国财政部（HM Treasury）的 1 名无投票权成员。此外，还有 5 位外部成员是根据他们在金融服务方面的经验和专业知识从央行外部挑选出来的。

FPC 通常每年召开 4 次会议、发布 2 次《金融稳定报告》，阐述委员会对金融稳定面临的主要风险的看法，并评估金融体系应对这些风险的准备程度。

2023 年 7 月的《金融稳定报告》[①] 指出：

（1）利率上升对英国金融业影响有限。全球抗通胀导致利率进一步上升，并引发市场剧烈波动。英国银行业虽然面临股价下跌、融资成本上升的困境，但由于可变利率、短期固定利率贷款的普遍存在，利率上升对英国金融体系的影响相对较小。

（2）家庭和企业债务问题有所恶化，但依旧可控。家庭方面，虽然高负债的群体不断增加，但整体比例仍低于 2007 年的历史峰值。此外，银行通过提供贷款偿还宽限期、变更贷款条款的方式对借款人提供支持。按揭逾期的抵押贷款数量在 2023 年第一季度略有增加，但相对于历史水平仍然较低。企业方面，更高的融资成本对规模较小或高负债的企业施加压力，但英国企业部门对高利率保持一定韧性。尽管企业破产率已经超过疫情前水平，但相对于长期平均水平仍然较低。而且企业部门一直在偿还债务，再融资需求有限。

（3）英国银行业在高利率环境下依旧保持韧性。高利率对信贷风险和利率风险的影响有限。在现有的监管框架（包括资本金要求、流动性缓冲要求、PRA 监管和定期压力测试）下，英国银行系统资本充足，并保持大量的流动性缓冲。2022/23 年压力测试的结果表明，即便在最严重的压力情景下（包括持续的高通胀率、全球利率上升、英国和全球经济同时陷入严重衰退、失业率大幅上升以及资产价格大幅下跌），英国主要银行依旧具有韧性。金融政策委员会决定将逆周期资本缓冲率（CCyB）维持在 2%，以确保银行在不过度限制贷款的情况下具备足够的能力来吸收未来的冲击。

（4）英国银行业可从全球风险事件中吸取教训。一是即使某一单独机构不被视为具有系统重要性，但如果风险在类似机构中普遍存在或被认为普遍存在，集体影响也可能构成系统性风险。二是数字银行技术和社交媒体在加快信息传播和提取存款速度方面发挥作用，导致美国部分银行的存款流失规模大且速度快。英国央行考虑改进银行的流动性框架，以增加对资金流失规模和速度的考量。三是迅速解决银行问题，并维护公众对

---

① Bank of England，Financial Stability Report，July 2023.

解决方案的信心，对维护市场稳定具有重要性。在财政部的协调下，英国央行正在寻求解决方案，确保对于不需要持有额外资源以满足最低自有资本和合格负债要求（Minimum requirement for own funds and eligible liabilities，MREL）的小型银行，存在改善存款获得性的解决方案。

（5）金融市场仍存在脆弱性。尽管部分非银金融机构的商业模式让它们可以从高利率中受益，但利用衍生品对冲其利率敞口可能会带来流动性风险，如 2022 年 9 月出现的负债驱动型投资（Liability Driven Investment，LDI）基金流动性压力事件。2023 年 3 月，FPC 建议养老金监管机构（TPR）尽快规定养老金计划受托人可以投资的 LDI 基金和 LDI 委托的最低弹性水平，以减轻金融稳定风险。此后，金融行为监管局（FCA）和养老金监管机构（TPR）都发布了关于 LDI 弹性的详细指导。英国央行将继续与 FCA、TPR 和海外监管机构合作，密切监控 LDI 基金的弹性。

（二）货币政策委员会

货币政策委员会（Monetary Policy Committee，MPC）通过制定英格兰银行的货币政策以保持低通胀和货币稳定。其主要职责包括：维持物价稳定，支持政府经济政策，实现增长与就业目标。

MPC 由 9 名成员组成：央行行长，分别负责货币政策、金融稳定、市场和银行业的 3 位副行长，首席经济学家以及 4 位直接由财政大臣任命的外部成员。他们的职责是确保 MPC 充分了解财政政策发展和政府经济政策的其他方面，并确保财政大臣充分了解货币政策。MPC 每年召开 8 次会议制定货币政策。

MPC 制定货币政策以实现 2% 的通胀目标，并以有助于维持增长和就业的方式实现该目标。在 2023 年 6 月 21 日的 MPC 会议上 [①]，MPC 以 7：2 的投票结果决定将银行利率提高 0.5 个百分点至 5%。MPC 预计：（1）整体 CPI 在 2023 年剩余时间内将大幅下降，主要反映能源价格的变动；（2）服务业 CPI 在近期将保持不变，未来几个月食品价格将进一步下降；（3）供应链成本和价格指标显示，年末核心商品 CPI 将下降。但是，MPC 认为外部成本上升对国内价格和工资将产生第二轮冲击，且此次冲击将持续更长时间。此外，劳动力市场的紧张和需求端的恢复意味着通胀过程将更持久。未来，MPC 将继续密切监视各类通胀指标，包括劳动力市场紧张程度、工资增长趋势以及服务业价格。如果有证据表明通胀压力持续，MPC 将进一步收紧货币政策。

除加息之外，MPC 继续实施资产购买工具（Asset Purchase Facility，APF）减持计划。APF 规模削减过程始于 2022 年 2 月，当时委员会投票决定停止金边债券的投资，并卖出投资级非金融公司债券。5 月的 MPC 会议上，委员会央求央行人员制定出售 APF 中英国政府债券（金边债券）的战略，并在 8 月会议上提供最新进展。委员会的资产出售战略遵循以下原则：一是委员会倾向于使用利率进行货币政策调节；二是资产出售的行为不会扰乱金融市场的运作；三是为维护市场运行，资产出售将在一段时间内以渐进可预测的方式进行。2023 年第一季度，央行继续资产出

---

① https://www.bankofengland.co.uk/monetary-policy-summary-and-minutes/2023/june-2023.

售，共开展 15 次减持。截至 2023 年 3 月 29 日，APF 资产规模为 8 240 亿英镑，其中包括 8 170 亿英镑英国政府债券和 70 亿英镑投资级非金融公司债券。

（三）审慎监管委员会

审慎监管委员会（Prudential Regulation Committee，PRC）根据《1998 年英格兰银行法案》成立，同时根据 2000 年《金融服务与市场法案》，PRC 有权行使英国央行审慎监管的职能。

PRC 对总计 1 500 余家银行、建筑协会、信用联盟、保险公司和主要投行等机构进行监管。PRC 的总目标是促进被监管公司的安全与稳健；确保公司开展业务的方式能避免对英国金融系统稳定性产生不利影响；为保险投资人提供保护；在合理的可能范围内，促进市场服务的有效竞争。[1]

2022 年，PRC 的主要工作如下。[2]

一是制定健全的审慎监管标准，并要求受监管的公司及其运营者遵循相关标准。具体举措包括：（1）发布《金融服务与市场法案》，为英国金融监管创建新的脱欧后框架。（2）为小型银行和建筑商协会发布咨询文件，在保持高标准的同时降低小型公司的监管复杂性和合规成本。（3）发布关于英国实施巴塞尔 3.1 标准的征求意见文件，通过保持与国际一致的标准，支持英国的国际竞争力不断提高。（4）与财政部合作制定关于改革保险公司偿付能力 Ⅱ（Solvency Ⅱ）标准的建议，改善保险公司资产投资的激励机制。（5）与 FCA 联合发布文件，授权监管机构监督向金融机构提供重要服务的关键第三方。

二是开展压力测试，评估银行和保险公司对严重宏观经济冲击和其他不利因素的韧性。（1）保险方面，完成 2022 年的保险压力测试，并于 2023 年 1 月公布结果。（2）银行方面，重新启动年度周期性情景（ACS）测试，评估整个金融体系的韧性，并于 2022 年 9 月发布下一次 ACS 的情景。（3）绿色转型方面，2022 年 5 月发布银行和保险公司气候双年度探索情景（Climate Biennial Exploratory Scenario，CBES）的测试结果。该情景探讨了英国金融体系对气候变化影响和实现净零排放过程中的金融风险的韧性。

三是开展对公司运营韧性的监督，以降低重要业务服务和关键经济功能提供中断的风险。具体举措包括：（1）推动 PRC 运营韧性政策生效。运营韧性政策要求公司确定其重要业务服务；为每个重要业务服务设定影响容忍度，并量化其能容忍的最大中断程度；构建韧性，以便在严重但合理的情境下，在影响容忍度范围内提供重要业务服务。（2）2022 年 8 月，PRC 联合 FCA 对保险公司的运行韧性进行审查，重点关注 160 家高影响力的保险公司的首次自我评估。（3）加大对金融业第三方供应商的关注。PRC 联合 FCA 共同发布一份讨论文件，内容涉及如何评估和加强第三方供应商向公司和金融市场基础设施提供的服务的韧性，从而降低系统中断的风险。（4）对公司展开基于 CBEST[3] 和 CQUEST 评估框架的网络评估。2022 年，PRC 完成 10 次 CBEST 评估，PRA 和 FCA

---

① Terms of Reference for the Prudential Regulation Committee.
② https://www.bankofengland.co.uk/-/media/boe/files/annual-report/2022/pra-2022.pdf.
③ PRC 和 FCA 联合发布的评估框架，用于评估公司重要业务服务的网络弹性，以确定其网络防御能力。

还分析了已完成的 CBEST 评估的结果，确定并与受监管实体共享主题调查结果。

四是积极适应市场变化，降低潜在风险。具体举措包括：（1）制订一项多年计划，通过对工具、技术、流程和技能的阶段性投资，提高 PRC 的效率和有效性。相关措施有，部署数字技能战略和招募更多数据科学家以提高 PRA 的数据和技术能力；加强监管工具，更有效地分析和可视化公司数据；等等。（2）与受俄乌冲突影响的企业以及相关国际企业密切合作，评估企业在冲突发生前后的直接与间接风险。

（四）金融市场基础设施监管

金融市场基础设施（Financial Market Infrastructures，FMI），本质上是允许金融交易发生的网络，通常被称为金融系统的管道。FMI 有助于使人们、企业和金融服务部门之间的金融交易更安全、更高效、更便宜。由于其对金融系统平稳运行的重要性，英格兰银行对某些 FMI 进行了监管，以确保它们的安全运行。

英格兰银行监管三种主要类型的 FMI：被认可的支付系统、中央证券存管机构以及中央对手方。① 在英国，每天受英格兰银行监管的 FMI 的支付额大约有 3 600 亿英镑。

2022 年，英国央行金融市场基础设施监管工作为推进和实现金融稳定目标发挥了重要作用，其主要工作内容如下。

一是在充满挑战的时期提供强有力的监管。全球新冠疫情和俄乌冲突等事件对金融市场造成重大冲击，但大多数 FMIs 表现出韧性并支持金融市场稳定运行。英国央行不断

改进监管方法，以应对运营韧性面临的新挑战。（1）英国央行于 2021 年 3 月发布的关于 FMIs 运营韧性的政策于 2022 年 3 月生效。这些政策明确表示 FMIs 应该对其运营韧性负责，并据此安排运营计划和投资选择，以保护金融部门和英国经济免受运营中断的影响。央行要求 FMIs 识别重要业务服务，设定与重要业务服务运营中断相关的影响容忍度；持续与 FMIs 合作，确保在 2025 年 3 月 31 日之前，FMIs 采取一切合理行动，在极端但合理的情景下保持运营中断在其容忍度范围内。（2）就进一步加强运营韧性进行咨询。鉴于外包的广泛使用以及这些新依赖关系可能带来的系统风险，央行已发布两套增强运营韧性的提案。2022 年 4 月，央行就中央对手方（CCPs）、中央证券存管机构（CSDs）、认可的支付系统运营商（RPSOs）和指定服务提供商（SSPs）的外包和第三方风险管理进行咨询，旨在促进 FMIs 在采用云计算和其他新技术方面的韧性。此外，英国央行联合 FCA 和 PRC，于 2022 年 7 月发布联合讨论文件，阐述了监管机构如何利用它们提议的新权力评估和加强公司与 FMIs 外包给关键第三方（CTPs）的服务的韧性，包括制定最低韧性标准和要求对 CTPs 进行韧性测试。

二是增强 CCP 的弹性和恢复能力。（1）开展 CCP 压力测试。2022 年 10 月，英国央行发布针对 CCP 的压力测试结果，主要涉及三家 CCP（ICE Clear Europe Limited、LCH Limited 和 LME Clear Limited）的信用和流动性韧性。该测试还包括一个逆向压力测试，以确定耗尽 CCP 财务资源所需的条件。总体而言，CCP 在严重压力情景下以

---

① https：//www.bankofengland.co.uk/financial-stability/financial-market-infrastructure-supervision.

及同时出现两个清算成员组违约时表现出韧性。在信用压力测试部分，CCP 均未出现资金资源完全耗尽的情况。在本次流动性压力测试部分，CCP 均未出现负流动性余额。[①]

（2）英国央行继续在 CCP 保证金国际政策工作的制定中发挥积极作用，主要担任 BCBS-CPMI-IOSCO 保证金联合小组的联合主席。该小组作为特设小组，负责审查中央和非中央清算衍生品与证券市场的保证金追加规模，此前该事件引发了 2020 年 3 月新冠疫情期间的"现金冲刺"事件。该小组于 2022 年 9 月发布最终报告，并明确需要进一步推进的领域，如提高中央清算市场的透明度，评估中央清算初始保证金模型对市场压力的响应能力，完善流动性准备和监管报告中的数据缺口。（3）发布最终政策修改清算义务的范围，以反映基准利率改革对市场活动的影响。2022 年 6 月，英国央行就清算义务的范围发布咨询文件，重点关注美元利率市场在 2023 年 6 月底停止使用 LIBOR 基准利率之前的变化。根据反馈，央行于 9 月发布政策声明确定对清算义务的修改：于 2022 年 10 月 31 日添加以 SOFR 为参考的隔夜指数掉期，于 2023 年 4 月 24 日移除以 LIBOR 为参考的合约。

三是确保监管跟上技术创新的节奏。英格兰银行处于工作的最前沿，以确保监管框架和风险管理能及时反映支付领域的创新。（1）支持 CPMI-IOSCO 发布国际稳定币指南。2022 年 7 月，CPMI 和 IOSCO 发布了关于稳定币安排的最终指南，确认《金融市场基础设施原则》（PFMI）适用于稳定币交易。鉴于稳定币安排的新颖性和复杂性，该

指南详细阐述了与治理相关内容、全面的风险管理框架、结算最终性和货币结算内容，还提供了当局确定稳定币安排是否具有系统重要性的判定标准。（2）支持金融稳定理事会等机构发布关于加密资产活动国际监管框架的提议。英国央行在修订"全球稳定币"（GSC）建议方面作出重大贡献，修订后的建议旨在确保稳定币作为商业银行货币的替代品的安全性，要求 GSC 安排提供强有力的法律主张，保证按时以法定货币兑换，保持有效的稳定机制，并受到适当的审慎监管。（3）在国内推进英国数字货币的监管框架。英国央行于 2022 年 3 月发布关于新型数字货币讨论文件的回应，与 CPMI-IOSCO 指南一致，英国央行确认 PFMI 规则适用于稳定币。讨论文件还表示英国央行将使用"相同风险，相同监管结果"的原则对数字货币进行监管，确保对同样的风险采取同样的防范措施。

五、金融消费权益保护工作情况

金融行为监管局（Financial Conduct Authority，FCA）是 50 000 家金融服务机构和金融市场的行为监管机构，也是 48 000 家机构的审慎监管者，为 18 000 家机构制定具体标准。FCA 的工作主要以 2000 年的《金融服务与市场法案》为基础，其战略目标为确保相关市场稳定运营。为实现这一目标，FCA 设定以下三个运营目标：（1）确保为消费者提供适当程度的保护；（2）保护和增强英国金融体系的完整性；（3）促进英国金融体系的有效竞争。FCA 对从事金融服务活动的公司和个人进行授权、监督和采取必要的行动，这些受监管的公司必须得到 FCA 授权

---

① 参考 Bank of England，2021-22 CCP Supervisory Stress Test：Results Report.

或注册，除非拥有豁免权。①

（一）监管改革动态

FCA 的 2022/23 年度报告②提供了其在过去一年中交付和取得成果的最新信息。它展示了 FCA 如何根据战略和运营目标保护消费者权益，维护公平公正的市场秩序，以及促进有效的市场竞争。以下是 2022 年的几项主要举措。

对消费者的保护：推出消费者投资战略，通过一揽子措施降低消费者投资风险。具体措施包括：（1）为整个金融服务领域的消费者保护制定更高、更严格的标准，并要求公司为零售消费者提供良好的服务。（2）积极参与投资诈骗的检测、阻止与打击活动。使用先进的分析和新的数据源识别不当的金融广告，修改或撤销了 8 582 项促销活动，与 2021 年的 573 项相比，同比增幅达到 1398%。（3）在消费者责任（consumer duty）政策制定和实施期间，通过与专家组进行广泛接触，提高规则的清晰度，并确保该政策在消费者保护方面会带来重大转变；采用适当的方法与消费者小组密切合作，加强 FCA 的职责治理和问责方法。鉴于小型企业从业者小组提出的担忧，FCA 延长了消费者责任的实施期限。

对市场滥用采取的行动：（1）与执法部门合作，对非法加密货币活动进行干预。2022 年 10 月，FCA 与地区有组织犯罪部门开展了合作行动，严厉打击未注册的加密资产业务、明显的洗钱和其他犯罪行为，发出涉及超过 300 万英镑的加密货币和其他资产的限制令，阻止非法加密货币交易活动。

（2）审查近 100 起涉嫌违反制裁行为的事件。引入以数据为主导的方法主动监督公司，以确保它们拥有适当的内部控制系统和措施，并针对公司的内控系统和措施进行 38 项主动评估。（3）2022 年，FCA 合计开出 2.2 亿英镑的罚款，并对涉嫌市场操纵、洗钱、内幕交易和投资欺诈的行为进行起诉。

对市场竞争的保护：（1）2022 年 11 月，FCA 发布了信用信息市场研究中期报告和讨论文件，并与业界合作改革行业治理，提高信用数据质量，促进有效竞争和创新环境。（2）FCA 发布关于多用途建筑保险的报告，研究了格伦菲尔悲剧以来建筑保险成本增加的原因，并提出了一系列建议和其他潜在补救措施，旨在为承租人提供更大的保护，使其免受高价的影响，并确保房屋保险市场运行良好。（3）根据《竞争法》，FCA 于 2023 年 1 月就汇款服务中涉嫌反竞争的安排向多方发出反对声明，旨在提高市场参与者对竞争法的认识，同时针对可能滥用市场支配地位的问题提出警示案例。（4）FCA 在 2022 年底发表讨论文件，征求市场对大型科技公司进入一系列零售金融服务领域的潜在竞争影响的看法。

在数据管理层面，FCA 建立了灵活且可扩展的数据收集平台 RegData，并从之前的系统迁移了超过 52 000 家公司和 120 000 名用户信息，通过建立新的数据收集部门来量化和限定监管数据收集的价值、负担和成本。这一措施统一了 FCA 不同来源的数据和信息，包括开源信息，如社交媒体平台上的消费者情绪和媒体报道。同时 RegData 还将加强对不良监管行为指标的跨政府共享。

---

① https://www.fca.org.uk/about/the-fca.
② FCA Annual Report and Accounts 2022/23.

（二）监督执法情况 [①]

在 2022/23 年度，FCA 持续对未授权经营的公司和个人进行监督，共发出 1 882 份警告，较上年增长 34%，并针对潜在未授权业务展开 48 项公开的金融犯罪调查。截至 2023 年 3 月 31 日，商业执法小组共有 212 名个人和实体接受调查。2022/23 年度，FCA 对内幕交易、投资欺诈和洗钱等违法行为提出指控，实施的经济处罚超过 2.2 亿英镑。此外，

FCA 取消了 627 家不符合最低标准或不再具有授权资格的企业的授权，较 2021 年增长 30%。

2022/23 年度，FCA 受理 100 起新的执法案件，较上年减少 48%。截至 2023 年 3 月，FCA 共有 591 起未决案件，主要集中在未授权业务（35%）、零售业务（15%）、内幕交易（12%）、养老金建议（10%）、批发业务（10%）以及虚假陈述（6%）。

---

① 数据来源：FCA Annual Report and Accounts，2022/23。

第五章
上海与主要国际金融中心发展比较

近年来，上海国际金融中心建设取得显著成绩，但与纽约、伦敦等主要金融中心城市相比还存在一定差距。

从宏观环境看，中国经济从由效率驱动阶段升级为由效率驱动向创新驱动的过渡阶段，与发达经济体的创新驱动阶段差距缩小。

从金融活动看，2022年，全球场外衍生品市场持仓币种主要为美元和欧元；全球股市活动主要集中于美国和中国，全球期货期权成交主要集中在亚太地区。2022年，上海证券交易所市值全球排名第3位，IPO融资总额排名第1位，成交量排名第5位。上海期货交易所成交量排名全球第12位，较上年下降4位。中国金融期货交易所排名全球第25位，较上年上升2位。

上海交通大学上海高级金融学院智库的《上海国际金融中心建设评估报告》显示，从金融服务体系的层次与效率及国际化程度看，上海与纽约、伦敦等金融中心城市还有一定差距，金融发展环境和条件方面也有一定提升空间。

一、宏观环境条件比较

对国际金融中心城市所在国的宏观环境进行比较分析，有助于理解国际金融中心的竞争力及其国际地位的形成与变化。

经济总量上，美国、中国分列第1位和第2位。人均GDP上，传统发达国家/地区的水平明显高于发展中国家。基于经济发展阶段理论，世界经济论坛根据人均GDP将各经济体的经济划分为要素驱动、效率驱动和创新驱动三个发展阶段，三个阶段中间又有两个过渡期[①]。2022年数据显示，美国、英国、日本、中国香港和新加坡等经济体均处于创新驱动阶段，中国和俄罗斯处于由效率驱动向创新驱动的过渡阶段，南非和巴西处于效率驱动阶段，印度则处于要素驱动阶段。经济增长率上，随着俄乌冲突带来的供应链冲击以及央行为抗击通胀而采取的紧缩政策，2022年大部分国家和地区经济增长放缓，增长率较上一年均有所下降（见表5-1）。

表5-1　2022年部分经济体的经济基本面

经济体	GDP（十亿美元）	人均GDP（美元）	实际GDP增长率（%）
新加坡	466.79	82 807.65	3.6
美国	25 464.48	76 348.49	2.1
中国香港	360.98	49 225.86	-3.5
日本	4 233.54	33 821.93	1.1

[①] 具体而言，人均GDP小于2 000美元的经济称为要素驱动的经济，处于3 000～8 999美元的为效率驱动的经济，处于2 000～2 999美元的为由要素驱动阶段向效率驱动阶段的过渡经济；人均GDP大于17 000美元的为创新驱动的经济，处于9 000～17 000美元的经济为由效率驱动阶段向创新驱动阶段的过渡经济。

续表

经济体	GDP（十亿美元）	人均 GDP（美元）	实际 GDP 增长率（%）
英国	3 070.60	45 294.81	4.0
中国	18 100.04	12 813.77	3.0
南非	405.71	6 694.36	2.0
巴西	1 924.13	8 995.03	2.9
印度	3 386.40	2 379.21	6.8
俄罗斯	2 215.29	15 433.83	−2.1

数据来源：IMF。

二、金融市场规模比较

2022 年，全球场外衍生品市场扩大，持仓币种主要为美元和欧元；全球股市活动主要集中于美国和中国，上海证券交易所市值、IPO 首发融资额和成交量分列全球第 3 位、第 1 位和第 5 位；全球期货期权成交大幅增长。

（一）场外衍生品市场

据 BIS 统计，2022 年末，全球场外利率衍生品市场名义余额达 618.0 万亿美元，较上年末增加 169.5 万亿美元。其中，外汇、利率和股票合约的名义余额分别为 107.6 万亿美元、490.6 万亿美元和 6.9 万亿美元。从持仓币种来看，主要是美元和欧元（见表 5-2）。

表 5-2 全球场外衍生品持仓名义余额

单位：十亿美元

合约种类	2022 年	2021 年	2020 年	2019 年	2018 年
所有合约	617 959	598 416	582 055	558 513	544 383
外汇合约	107 559	104 250	97 550	91 779	90 658
其中：美元	93 710	89 582	85 342	80 991	80 187
欧元	35 117	34 326	31 761	28 129	28 300
日元	16 274	15 532	15 498	14 938	15 248
英镑	12 867	14 004	12 379	11 812	11 032
瑞士法郎	5 235	4 778	4 115	4 026	3 860
加拿大元	6 220	5 951	5 047	4 747	4 250
瑞典克朗	1 955	2 158	1 993	1 809	2 082
其他货币	43 739	42 168	38 964	37 105	36 357
利率合约	490 626	475 271	466 495	448 965	436 836
其中：美元	179 216	167 283	152 117	159 804	169 162
欧元	152 002	128 405	132 619	117 173	114 002
日元	26 918	35 681	37 131	37 843	36 166
英镑	36 749	51 618	54 284	44 146	39 453
瑞士法郎	3 577	5 072	3 614	3 669	3 467

续表

合约种类	2022 年	2021 年	2020 年	2019 年	2018 年
加拿大元	17 007	15 302	14 295	14 098	14 225
瑞典克朗	5 429	5 484	5 313	4 816	5 931
其他货币	69 728	66 426	67 122	67 416	54 430
股票合约	6 919	7 279	7 084	6 873	6 419
其中：美国股票	3 492	3 501	3 316	3 160	2 930
欧洲股票	1 854	2 021	2 078	2 153	2 021
日本股票	198	266	234	278	271
其他亚洲股票	361	363	344	295	288
拉丁美洲股票	356	403	441	308	261
其他股票	658	725	671	679	648
其他	12 855	11 616	10 926	10 896	10 470

数据来源：BIS。

注：外汇合约＝所有币种之合 /2。

（二）股票市场

从股票市值、IPO 规模和股票成交规模三个方面来看，全球股市活动集中在美国和中国。

1. 美国股市市值占全球四成

2022 年末，全球市值最大的五家交易所依次为纽约—泛欧证券交易所美国中心（NYSE）、纳斯达克（NASDAQ）、上海证券交易所、纽约—泛欧交易所集团欧洲中心（Euronext）和日本交易所集团（Japan Exchange Group）。上海证券交易所市值全球排名第3位。2022 年末，美国股市（含纽约—泛欧交易所集团美国中心和纳斯达克）市值占全球市值的 39.7%，中国股市（含上海证券交易所和深圳证券交易所）市值占全球市值的 11.2%（见表 5-3）。

表 5-3　全球市值排名前十大交易所占比

单位：%

交易所	2022 年末全球占比	交易所	2021 年末全球占比
纽约—泛欧交易所集团美国中心	23.7	纽约—泛欧交易所集团美国中心	22.3
纳斯达克	16.0	纳斯达克	19.7
上海证券交易所	6.6	上海证券交易所	6.6
纽约—泛欧交易所集团欧洲中心	6.0	纽约—泛欧交易所集团欧洲中心	5.9
日本证券交易所集团	5.3	日本证券交易所集团	5.3
深圳证券交易所	4.6	深圳证券交易所	5.0
香港证券交易所	4.5	香港证券交易所	4.4
印度国家证券交易所	3.3	伦敦证券交易所集团	3.1
伦敦证券交易所集团	3.1	印度国家证券交易所	2.9
多伦多证券交易所集团	2.7	多伦多证券交易所集团	2.6

数据来源：WFE。

2. 全球股票市场 IPO 融资规模明显下降

2022 年，全球新上市公司 4 388 家，较上年减少 22.7%。其中，通过 IPO 上市的公司有 1 445 家，较上年减少 46.3%。2022 年，全球 IPO 融资额 2 556 亿美元，较上年减少 49.4%。其中，上海证券交易所 IPO 融资额为 531.8 亿美元，全球排名第 1 位。

3. 全球股票成交规模下降，股市交易集中于美国和中国

2022 年，全球证券交易所股票成交额 199.8 万亿美元，较 2021 年下降 6.5%。其中，美国股票市场（含纽约—泛欧交易所集团美国中心和纳斯达克）成交额占全球的 52.9%。2022 年，深圳证券交易所、上海证券交易所成交额分别居全球第 4 位和第 5 位，中国股票市场成交额占全球的 16.3%（见表 5-4）。

表 5-4 全球成交金额排名前十大交易所占比

单位：%

交易所	2022 年末全球占比	交易所	2021 年末全球占比
纳斯达克	37.7	纳斯达克	34.2
纽约—泛欧交易所集团美国中心	15.2	纽约—泛欧交易所集团美国中心	13.6
芝加哥期权交易所全球市场	9.5	深圳证券交易所	10.3
深圳证券交易所	9.3	芝加哥期权交易所全球市场	9.8
上海证券交易所	7.0	上海证券交易所	8.1
日本证券交易所集团	3.3	日本证券交易所集团	3.5
芝加哥期权交易所欧洲市场	2.7	韩国证券交易所	2.7
伦敦证券交易所集团	1.6	香港证券交易所	2.0
韩国证券交易所	1.5	台湾证券交易所	1.5
香港证券交易所	1.5	纽约—泛欧交易所集团欧洲中心	1.4

数据来源：WFE。

（三）期货期权市场

据美国期货业协会（Futures Industry Association，FIA）统计，2022 年全球在交易所交易的期货和期权产品共成交 838.48 亿手，较 2021 年增长 212.63 亿手，增幅为 34.0%。其中，期货成交量增长 0.1% 至 293.2 亿手，期权成交量增长 63.7% 至 545.3 亿手。期货的增速低于上年同期的 14.6%，期权的增速高于上年同期的 56.5%。

分地区看，亚太地区成交增长 65.7%，达 506.34 亿手，居地区成交排名榜首位；成交量占全球的 60.4%，占比较 2021 年提升 11.6 个百分点。其中，中国成交 67.68 亿手，印度成交 399.68 亿手，中印占据亚太地区 92.3% 和全球 55.7% 的份额。拉美地区成交下降 3.0%，为 86.24 亿手。其中，巴西成交 83.13 亿手，占拉美地区 96.4% 的份额，占全球 9.9% 的份额。2022 年，新兴市场的阿根廷、印度和土耳其分别以 131.4%、109.6% 和 31.0% 的增速成为全球期货和期权成交创历史新纪录的直接推动力。北美地区成交增长 9.3% 至 168.07 亿手，占全球成交量的 20.0%，较 2021 年下降了 4.6 个百分点。欧

洲地区成交下降 11.9% 至 48.03 亿手，占全球成交量的 5.7%，较 2021 年下降 3.0 个百分点。其他地区增长 29.1%，占全球成交量的 3.6%，与 2021 年持平。

分交易所看，2022 年，郑州商品交易所全球排名第 8 位，成交量较上年下降 7.1%；

大连商品交易所全球排名第 9 位，成交量较上年下降 3.8%；上海期货交易所全球排名第 12 位，成交量较上年下降 20.5%；中国金融期货交易所全球排名第 25 位，成交量较上年增长 24.4%（见表 5-5）。

表 5-5　2022 年全球衍生品交易所成交量排名

单位：亿手、%

排名	交易所	成交量：2022 年	同比变动
1	印度国家证券交易所	38 113 511 047	120.9
2	巴西交易所（B3）	8 313 793 640	-5.0
3	芝加哥商业交易所集团	5 846 331 689	18.3
4	芝加哥期权交易所	3 476 174 099	12.3
5	洲际交易所	3 435 073 009	3.5
6	纳斯达克	3 147 540 772	-4.4
7	伊斯坦布尔交易所	2 726 889 885	31.0
8	郑州商品交易所	2 397 600 933	-7.1
9	大连商品交易所	2 275 200 779	-3.8
10	韩国交易所	2 058 222 218	-9.8
11	欧洲期货交易所	1 955 730 332	14.8
12	上海期货交易所	1 943 444 607	-20.5
13	孟买证券交易所	1 609 192 944	0.1
14	迈阿密国际证券交易所	1 302 642 100	-2.9
15	莫斯科交易所	1 268 386 020	-39.6
16	多伦多证券交易所集团	760 910 069	24.1
17	香港交易所	454 672 540	5.0
18	日本交易所集团	392 159 116	17.5
19	台湾期货交易所	384 468 497	-2.0
20	阿根廷期货交易所	299 732 436	131.4
25	中国金融期货交易所	151 861 780	24.4

数据来源：FIA。

三、全球金融中心指数比较

近年来，中国金融开放力度持续加大，

上海金融业稳定发展。根据伦敦 Z/Yen 集团公布的第 33 期"全球金融中心指数"（Global Financial Centres Index，GFCI），上海名列国际金融中心城市第 7 位（见表 5-6）。从 GFCI 问卷调查评分来看，上海金融业在全球排名靠前，其中，银行业排名第 5 位、投资管理排名第 3 位、保险排名第 6 位、专业服务排名第 9 位、政府监管排名第 6 位。

表 5-6　近年来部分国际金融中心城市综合排名

城市	33 期	32 期	31 期	30 期	29 期	28 期	27 期	26 期	25 期
	名次	名次	名次	名次	名次	名次	名次	名次	名次
纽约	1	1	1	1	1	1	1	1	1
伦敦	2	2	2	2	2	2	2	2	2
新加坡	3	3	6	4	5	6	5	4	4
香港	4	4	3	3	4	5	6	3	3
旧金山	5	5	7	5	12	8	8	12	16
洛杉矶	6	7	5	7	13	11	10	13	17
上海	7	6	4	6	3	3	4	5	5
芝加哥	8	12	13	11	15	20	16	16	20

数据来源：各期 GFCI 排名。

各分项指标排名中，纽约和伦敦分列第 1 位、第 2 位。上海营商环境排名第 11 位，人力资本排名第 12 位，基础设施排名第 11 位，金融业发展水平排名第 12 位，声誉及综合排名第 12 位（见表 5-7）。

表 5-7　部分金融中心城市竞争力分项指标排名

城市	营商环境	人力资本	基础设施	金融业发展水平	声誉及综合
纽约	1	1	1	1	1
伦敦	2	2	2	2	2
新加坡	7	7	3	7	3
香港	6	11	4	5	7
旧金山	3	3	10	3	4
洛杉矶	5	8	>15	6	6
上海	11	12	11	12	12
芝加哥	4	15	>15	4	5

数据来源：The Global Financial Centres Index 33。

四、上海与主要国际金融中心的比较分析

根据上海交通大学上海高级金融学院智库的《上海国际金融中心建设评估报告》，上海国际金融中心建设取得令人满意的成绩，但从金融服务体系的层次与效率以及国际化程度来看，上海与纽约、伦敦等金融城市还

有一定差距。

（一）评估框架

评估框架分为两个部分：一是金融服务体系，二是金融发展环境和条件。其中，金融服务体系又分为金融市场、金融中介与服务机构两个方面，评估维度包括规模和层次、功能效率、国际化。金融发展环境和条件包括四个维度：金融制度、金融人才、营商环境和城市生态。整个评估框架包含107个二级指标，表5-8列举出部分指标。

表5-8　评估体系

项目	一级指标	二级指标
1. 服务体系 金融市场	规模和层次	股票市场总市值、国债或政府公共债存量、公司债存量、资产支持证券存量、商品期货交易量、股指期货交易量、股票期权交易量、外汇市场交易额、场外利率衍生品交易量
	功能效率	各规模指标/GDP、股市波动率、股市中专业机构投资者占比、M&A交易金额
	国际化	国际直接投资资产/GDP、国际直接投资负债/GDP、国际证券投资资产/GDP、国际证券投资负债/GDP
金融中介与服务机构	规模和层次	银行总资产、证券公司总资产、公募基金资产规模、PE/VC资产规模、保险机构总资产、评级机构数、律师/律所数量、会计师/会计事务所数量
	功能效率	银行不良贷款率、银行利润/从业人员、证券公司利润/从业人员、保险深度/密度、每千人律师数
	国际化	商业银行跨国借贷规模（资产）/GDP、商业银行跨国借贷规模（负债）/GDP、外资银行资产占比
2. 发展环境和条件	金融制度	全球机会指数排名、政府监管负担指数排名、Chinn-Ito index: KAOPEN、政府政策稳定指数/排名、破产监管框架指数/排名
	金融人才	金融从业人员占总从业人员比例、CFA持证人占金融从业人员比例
	营商环境	营商便利性排名、新开企业所需时间排名、新开企业所需成本排名、GFCI-营商环境排名
	城市生态	网络社会城市指数排名、信息技术使用率排名、生活成本指数

（二）国际比较：上海、纽约、伦敦、东京、新加坡

1. 金融服务体系

本部分从规模和层次、功能效率、国际化三个维度，对上海、纽约、伦敦、东京和新加坡五个主要国际金融中心的金融市场、金融中介与服务机构进行比较。结果显示，上海在各维度上都有一定提升空间。

（1）金融市场 [①]：效率与国际化程度有待进一步提高

从金融市场规模看，我国GDP约为美国的75.6%，但我国股市市值为美国的28.3%。2022年末，美国股市（含纽约—泛欧交易所集团美国中心和纳斯达克）总市值为40.30万亿美元，中国股市（含上海证券交易所和深圳证券交易所）总市值为11.4万亿美元。加之上海只占我国股市的一部分（2022年，上海证券交易所的市值为6.7万亿美元，深圳证券交易所的市值为4.7万亿美元），而美国股

[①] 由于数据的可得性，金融市场的比较多为国家层面的数据比较。由于纽约、伦敦、东京的份额在本国占据主导地位，如果某一项指标中国严重落后于其他国家，由此可以推断出上海与其他金融中心城市亦有较大差距。

市集中在纽约,上海和纽约的差距进一步凸显。其他板块如证券化资产、金融衍生品和VC/PE等的差距更为明显。

表5-9显示了美国、英国、日本、新加坡和中国主要金融市场规模与GDP的比例。这一指标可衡量直接融资在国民经济中的相对比重和效用。总体来看,我国的直接融资比重相对较低,作为企业长期融资工具的公司债近几年发展迅速,但整体水平仍有一定提升空间。相关的信用评级、违约处置和破产清算等专业服务稍显滞后,制约了该市场的发展。资产证券化市场增长较快,尤其是上海证券交易所主导的企业资产证券化,但与美国差距十分明显。

表5-9 主要金融市场规模占 GDP 比例

单位: %

经济体	股票市值	债券市场存量	公司债存量	资产支持证券存量
中国	63.1	119.7	26.4	3.5
美国	158.3	204.0	29.6	59.1
英国	101.0	156.1	13.6	8.2
日本	127.2	285.0	18.3	4.7
新加坡	131.9	139.8	39.1	3.5

数据来源: 上海交通大学上海高级金融学院智库、WFE、BIS。

作为现代金融市场的重要组成部分,金融衍生品市场在主要国际金融中心均占据重要地位,为企业和金融机构提供风险管控的有效工具,也为市场增加价格发现的渠道。表5-10显示,我国商品期货交易量居全球首位,但金融衍生品交易规模和品种有限。以股指期货为例,美国和日本分居前两位,与各自股市规模相匹配。美国股市市值为40.30万亿美元,股指期货交易量为16.70亿张,两者的比例为2.41∶1;日本股市市值为5.38万亿美元,股指期货交易量为3.38亿张,两者的比例为1.59∶1。我国股市总市值为11.42万亿美元,超过日本,股指期货交易量却不足其1/4。

表5-10 各经济体衍生品市场比较

经济体	商品期货交易量 (百万张)	股指期货交易量 (百万张)	外汇市场交易额 (日均,十亿美元)	场外利率衍生品交易额 (日均,十亿美元)
中国	4 131.45	74.80	153	13
美国	891.14	1670.33	1 912	1 689
英国	563.66	27.43	3 755	2 626
日本	16.82	338.43	434	51
新加坡	29.95	181.89	929	156

数据来源: 上海交通大学上海高级金融学院智库、WFE、BIS。

从金融市场的层次看,我国资本市场的深度和渗透力有待进一步提高,一级市场和场外金融衍生品市场仍有一定的发展空间。以一级市场为例,2022年,中国在证券投资基金业协会登记的私募股权和创业投资基金(PE/VC)的总资产规模为14.01万亿元,领先英国、日本和新加坡，但与美国相比仍有较大差距（见表 5-11）。以场外金融衍生品市场为例，利率掉期合约作为管理利率风险的重要工具，早已成为全球最大的场外衍生品交易种类，总名义规模超过 300 万亿元。而我国场外利率衍生品交易量远低于美国和英国（见表 5-10）。此外，我国外汇市场交易量也低于美国、英国、日本和新加坡（见表 5-10）。相对于我国的经济体量，这些市场还有很大的发展空间，其缺位会削弱金融服务实体经济的功能。

表 5-11　各国 PE/VC 市场比较

指标	中国	美国	英国	日本	新加坡
PE/VC 机构数（家）	14 303	2 481	1 900	532	428
PE/VC 总资产（万亿元人民币）	14.01	85.53	2.10	—	2.61*

数据来源：上海交通大学上海高级金融学院智库整理。

注：* 为 2021 年数据，其余为 2022 年数据。

从金融市场的功能效率看，各市场普遍存在一定形式的壁垒、制约和政府干预，提高了交易成本。加上缺乏足够的高质量机构参与者，难以形成高效的市场机制，很大程度上阻碍了金融市场在流动性供给、价格发现和风险管理方面的功能发挥。以股票市场为例，本应作为经济发展"晴雨表"的 A 股市场，其收益轨迹并未反映出中国经济高速发展的特征，或给投资者带来应有的回报（见表 5-12）。

表 5-12　各国股票市场回报率

单位：%

指标	上证指数	美国道琼斯指数	英国富时 100	日经 225 指数	富时新加坡海峡指数
2011—2022 年累计回报率	10.0	186.3	26.3	155.1	1.9
2016—2022 年累计回报率	−12.7	90.2	19.4	37.1	12.8

数据来源：Wind。

从金融市场的国际化程度看，由于资本账户未完全可兑换，我国居民资产配置的全球化程度较低，海外投资者在中国的投资占比也很低（见表 5-13）。

表 5-13　2022 年各国金融市场国际化程度比较

单位：%

指标	中国	美国	英国	日本	新加坡
国际直接投资资产/GDP	15.53	36.43	86.87	49.31	333.33
国际直接投资负债/GDP	19.43	48.16	103.35	8.29	494.84
国际证券投资资产/GDP	5.74	55.27	121.59	95.36	349.10
国际证券投资负债/GDP	9.90	97.26	132.10	82.24	93.60

数据来源：上海交通大学上海高级金融学院智库整理。

（2）金融中介与服务机构：银行整体水平较高，其他机构发展和开放度不足

从规模来看，上海银行业资产规模超过新加坡，与纽约接近，落后于东京和伦敦；

证券公司营业收入高于东京，大幅低于纽约；保费收入与其他金融中心相比差距较大。就金融服务机构而言，上海律师行业从业人员数量与纽约、伦敦仍有一定差距，有待进一步提高（见表 5-14）。

表 5-14　各金融中心城市金融中介与服务机构规模比较

单位：万亿元、万人

指标	上海	纽约	伦敦	东京	新加坡
银行总资产	23.4	25.2	28.6	27.5	17.17
证券公司营业收入	0.14	1.42	—	0.07	—
保费收入	0.21	0.85	0.47	0.51	0.32
律师数	>3.5	8.2	6.8	约 2	0.6

数据来源：上海交通大学上海高级金融学院智库整理。
注：纽约、伦敦、东京的保费收入根据全国保险深度和城市 GDP 推算得出，存在一定程度的低估。

从金融中介的功能和效率看，上海的银行类机构表现较好，无论是贷款质量还是人均利润均处于领先地位。证券公司表现次之，人均利润低于纽约，但高于东京。保险公司较为落后，保险深度不及其他金融中心城市（见表 5-15）。

表 5-15　各金融中心城市金融中介与服务机构功能比较

指标	上海	纽约	伦敦	东京	新加坡
银行不良贷款率 (%)	0.79	0.95	0.97	1.2	1.84
银行人均利润（万元 / 人）	116.9	269.9	95.3	66.4	—
证券公司人均利润（万元 / 人）	54.4	93.6	—	51.4	—
保险深度（%）	4.6	11.6	10.5	8.2	9.2

数据来源：上海交通大学上海高级金融学院智库整理。

从国际化程度看，上海银行业开放程度要高于保险业和证券业。但即便是银行业，其国际化程度仍具有一定提升空间。以外资银行资产占比为例，上海的比例不足 10%，大幅低于纽约（69%）和伦敦（超过 50%）。

2. 金融发展环境和条件

与其他金融中心城市相比，人民币国际化与资本账户可兑换程度制约了上海金融中心的国际影响力和辐射力。数据显示，在衡量资本（金融）账户的开放（可兑换）程度的 Chinn-Ito 指数上，中国要落后于发达国家。中国该指数的得分小于 1，而美国、英国、日本和新加坡均为 1。

建立国际金融中心极为关键的一个因素是金融人才，尤其是高端人才的聚集。纽约、伦敦、东京和新加坡金融从业人员占比要高于上海。且从金融人才的质量指标（如持有 CFA 证书的人员占比）来看，上海也低于纽约、伦敦和新加坡，仅高于东京（见表 5-16）。

总体而言，上海在国际金融中心建设相关的环境和条件方面取得了一定成绩，但金融制度仍有待完善。金融人才方面，低于纽约、伦敦和新加坡，与东京较为接近。营商环境排名低于纽约、伦敦和新加坡，但高于东京，且城市生态的部分指标领先于其他金融中心，说明上海在金融中心的外部环境建设中取得了一定成绩。同时，新加坡在金融中心的环境和条件方面尤为领先，给上海提供了重要的对照标杆。

表 5-16　各金融中心城市金融发展环境和条件部分指标比较

指标	上海	纽约	伦敦	东京	新加坡
金融制度					
Chinn-Ito index: KAOPEN	<1	1	1	1	1
政府效率 *	68.40	86.79	85.85	96.23	100
监管质量 *	36.79	91.04	93.40	91.51	100
法制规则 *	52.83	88.68	89.15	92.45	99.06
金融人才					
金融从业人员占总从业人员比例	4.3%	10.0%	7.3%	4.3%	5.7%
CFA 持证人占金融从业人员比例	0.8%	2.8%	2.4%	0.4%	2.5%
营商环境					
GFCI33- 营商环境排名	11	1	2	14	7
世界银行 - 金融科技指数排名 **	11	1	2	35	4
城市生态					
Mercer- 生活成本指数排名	12	6	17	19	2
IMD- 智慧城市指数排名	25	21	6	72	7

数据来源：上海交通大学上海高级金融学院智库整理。

注：* 政府效率、监管质量、法制规则为国家层面数据，数据表示 0~100 的百分比排名，分数越高排名越好。** 世界银行－金融科技指数排名为国家层面的排名。